D1639889

Henning Stilke

HARDBAITS
ERFOLGREICH ANGELN MIT WOBBLERN & CO.

Endlich!
Dein Angelführer durch den Köder-Dschungel

NORTH GUIDING.com
fishing guides

INHALT

Vorwort	5
Zehn Vorteile für Wobbler	6
Typen und Techniken	13
Crankbaits – gleichmäßig einkurbeln	20
Lipless Crankbaits – keine Lippe riskieren	28
Twitchbaits – mit zarten Zupfern	35
Minnows – das Modell Kleinfisch	43
Jerkbaits – Köder zum Schlagen	50
Gleiter – im Zickzacklauf	54
Diver – ruckartig auf und ab	60
Topwater – Hardbaits hoch oben	66
Stickbaits – wie ein Stock	68
Popper – Köder mit Knalleffekt	74
Crawler – stilvolle Schwimmer	81
Zweiteiler – gelenkige Fängigkeit	85
Swimbaits – natürlich beweglich	92
Creatures – nicht Fisch, aber Fleisch	100
Mini-Wobbler – ultraleichtes Spinnen	109
Küstenwobbler – für die Weite konstruiert	116
Der Autor	124

VORWORT

Früher sagte man Wobbler, heute sagt man Hardbaits, und man hat noch viele andere Worte für die Köder, die vor einiger Zeit noch überwiegend aus Holz waren und heute meistens aus Hartplastik gefertigt sind. Sie heißen Crankbait, Twitchbait, Stickbait, Minnow oder Topwater, um nur einige Bezeichnungen zu erwähnen. Was einst eine kleine überschaubare Ködergruppe war, hat sich weit verzweigt in viele unterschiedliche Spezialköder. Wer die Entwicklung nicht von Anfang an mitverfolgt hat, wird es ohne Hilfe nicht ganz leicht haben, einen Überblick über die verschiedenen Wobbler-Modelle, ihre Bezeichnungen und ihre Funktion zu gewinnen.

Dieses Buch ist für alle gedacht, die aufgrund der rasanten Entwicklung der vielfältigen Wobblervarianten ein wenig ratlos bei der Köderwahl sind. Keine Sorge, da sind Sie nicht alleine!

In einzelnen Kapiteln werden alle großen, aber auch die kleineren Gruppen von Wobblern vorgestellt, die heute auf dem Markt sind. Dabei geht es nicht nur um die äußerlichen Merkmale der einzelnen Modelle, sondern auch und vor allem darum, wieso sie ihre Eigenschaften bekommen haben. Denn die Hardbaits haben ihre Gestalt und ihren Charakter nicht zufällig bekommen. Sie wurden zu Spezialformen entwickelt, mit denen man etwas ganz Besonderes machen kann, etwas, das die Fangchancen in bestimmten Situationen verbessert.

Es ist ein bisschen so wie mit einem großen Werkzeugkasten. Man kann daraus den Hammer entnehmen und versuchen, mit ihm alle Aufgaben zu lösen, oder man benutzt die Spezialwerkzeuge für den gezielten Einsatz – was selbstverständlich immer für ein besseres Ergebnis sorgen wird. Die modernen Wobbler sind ebenfalls Spezialinstrumente, die für einen ganz bestimmten Einsatz geschaffen sind. Sie verfügen über eine spezifische Form und spezielle Verhaltensweisen, mit denen sie etwas besser können als all die anderen Wobbler.

Die eingehende Beschäftigung mit den vielen verschiedenen Hardbaits lohnt sich, weil man sich damit ein Repertoire von Spezialködern erschließt, mit dem man gezielter und erfolgreicher vorgehen kann. Die Sache ist manchmal sicherlich nicht ganz einfach, denn es herrscht eine beträchtliche Begriffsverwirrung bei den Ködern.

Auf den folgenden Seiten wird Klarheit in das Namengewirr gebracht, aber auch verdeutlicht, dass Namen, wie man so schön sagt, oft Schall und Rauch sind, denn ganz gleich, wie das Ding heißt, es will vor allem richtig benutzt werden. Denn beim Hardbait-Wissen geht es in erster Linie darum, dass es zu mehr Fängen und mehr Spaß am Angeln verhilft.

Diesen Spaß wünscht Ihnen

Henning Stilke

ZEHN VORTEILE FÜR WOBBLER

1. Natürliche Nachbildungen

Augen, Flossen, Schuppen, Farbmuster die Details eines Fisches lassen sich mit keinem anderen Kunstköder so gut nachbilden wie mit einem Wobbler. Die modernen, hoch-

Wobbler können große Ähnlichkeit mit der natürlichen Beute annehmen im Aussehen und in der Bewegung.

Hardbaits bieten die Möglichkeit, mit raffinierten Farbeffekten zu spielen, die ihre Wirkung auf die Raubfische nicht verfehlen.

wertigen Wobbler aus Asien sind nicht nur, was ihr Laufverhalten angeht, sondern auch bezüglich ihrer Farbgestaltung wahre Meisterwerke. Echter geht es kaum noch. Nun stellt die Naturgetreue einer Nachbildung nur eines von mehreren Kriterien für einen guten Köder dar, aber es kann ein sehr wichtiges sein. Es kann, wenn die Raubfische sehr auf eine bestimmte Beute fixiert sind und wenn sie dabei sehr wählerisch sind, das entscheidende Kriterium sein. Das gilt besonders an hellen Tagen und in Wasser mit guten Sichtverhältnissen. Den Räubern bieten sich dann ideale Verhältnisse, um einen Köder genau und kritisch in Augenschein zu nehmen. Ihnen mit einem extrem realistischen Wobbler eine perfekte Nachbildung ihrer natürlichen Beute anbieten zu können, kann zum entscheidenden Fangvorteil werden.

2. Farbwirkungen

Mit keinem anderen Kunstköder lassen sich so vielfältige und raffinierte Farbeffekte erzielen wie mit Wobblern. Das liegt ganz einfach daran, dass sie auf jede Weise lackiert und mit Farbe versehen werden können, die nur denkbar ist. Alle Farben können auf ihnen dauerhaft aufgetragen werden, und es lassen sich alle Effekte hinzufügen. Den Firetiger-Effekt beispielsweise erreicht man mit keinem anderen Köder so überzeugend und so intensiv. Aber auch 3D-Effekte oder Holografie-Effekte lassen sich auf Wobblern einzigartig umsetzen. Die Oberfläche der Wobbler kann in jeder wünschenswerten Weise behandelt und verändert werden. Doch nicht nur mit der Oberfläche lassen sich verführerische Wirkungen erzielen, sondern auch mit dem Innenbereich des Wobblers. Einen besonders spektakulären Effekt erzielen die Wobbler von Sébile, die teilweise mit rotem Öl gefüllt sind. Sobald diese Wobbler in Bewegung versetzt werden, vollführt die rote Flüssigkeit ein Farben- und Formenspiel, das wirkt, als würde der imitierte Fisch bluten.

3. Führungsvarianten

Früher hätte man es als Nachteil der Wobbler betrachten können, dass sie in einer bestimmten Geschwindigkeit eingeholt werden müssen, um ihren optimalen Lauf zu erreichen. Mit den modernen Wobblern ist diese Zeit überwunden und damit ist eine neue Eigenschaft der Wobbler entstanden –

dieses Mal eine vorteilhafte. Denn nun kann man den Wobblern nachsagen, dass mit ihnen alle möglichen Laufweisen bzw. Führungstechniken ausgeübt werden können. Sie lassen sich gleichmäßig einholen oder sanft twitchen, aber auch kräftig jerken. Ein dezenter Lauf ist genauso gut möglich wie ein aggressiver, ein geschmeidiger genauso wie einer in Intervallen oder unregelmäßigen Zügen. Mit Wobblern kann man sich auf den Zielfisch einstellen und ihm das anbieten, was er gerade haben möchte. Reagiert er nicht auf die eine Führungsweise, dann serviert man ihm eine andere. Trägen Räubern bietet man den Wobbler langsam vor ihrer Nase an, für aggressive Räuber führt man ihn schnell und beweglich.

Mit unterschiedlichen Führungstechniken und –varianten können die Köder immer wieder anders angeboten werden.

Es gibt kaum eine Situation am Wasser, für die es nicht auch das passende Wobblermodell gibt.

4. Produktbreite für jede Situation

So wie das Spektrum der Spinntechniken hat sich auch das der Wobblertypen ausgeweitet. Während es früher nur eine Handvoll ähnlicher Wobbler gab, die mehr oder weniger gleich funktionierten und für viele Situationen nicht zu gebrauchen waren, gibt es heute für jede Situation das passende Modell. Mit Wobblern ist man schon lange nicht mehr so eingeschränkt wie früher oder wie heute noch mit anderen Kunstköderarten. Die große Palette unterschiedlicher Wobbler gibt einem ausgefeilte Köder an die Hand, mit denen man den Räubern jederzeit das gewünschte Angebot machen kann. In dem großen Sortiment findet man nicht nur die passende Nachbildung des aktuellen Beutefisches, sondern auch das Modell, das sich so führen lässt, damit es das Verhalten der Beutefische ideal imitiert. Falls die Räuber gar nicht auf ein bestimmtes Schema fixiert sind, gibt es genügend Modelle, sie zum Angriff zu überreden, sei es durch natürliche Bewegungen oder aufreizendes Spektakel. Es findet sich einfach immer das richtige Modell.

5. Einfache Handhabung

Die Ausweitung der Produktpalette scheint den Umgang mit den Wobblern kompliziert gemacht zu haben. Aber das täuscht. Lassen Sie sich nicht von den vielen verschiedenen Wobblertypen und Bezeichnungen verwirren. Man muss ja nicht gleich alle Varianten haben und beherrschen. Wer es sich leicht machen will oder überhaupt erst einmal in das Wobbler-Angeln einsteigen möchte, der bedient sich am besten der einfachsten Modelle, mit denen man nicht viel mehr machen muss als sie auszuwerfen und einzuholen. Also, man kann mit ihnen mehr machen, muss es aber nicht. Wobbler vom Typ Crankbait sind so konzipiert, dass sie ihr fängiges Bewegungsmuster entfalten, wenn sie ganz einfach durchs Wasser gezogen werden. Auch die mehrgliedrigen Swimbaits erfordern im Grunde nichts anderes als gleichmäßiges Einkurbeln. Dabei schlängeln sie sich verführerisch durchs Wasser. Mehr muss man mit ihnen nicht machen, damit sie fangen. Angeln mit Wobblern kann also sehr einfach sein.

Einfach in den Karabiner einhängen und los geht´s. Wobbler sind (meistens) simpel in der Handhabung.

6. Breites Tiefenspektrum

Zu den Schwächen früherer Wobbler-Generationen gehörte der eingeschränkte bzw. schwer zu kalkulierende Tiefenbereich des Köders. Wo lief der Wobbler gerade? Die Frage stelle man sich immer wieder ohne eine klare Antwort darauf zu haben. Blieb nur die Hoffnung, dass er ungefähr da läuft, wo man ihn haben wollte, weil man dort die Räuber vermutete. Die modernen Wobbler arbeiten nicht nur viel genauer, mit ihnen bieten sich auch so viele Varianten an, dass man tatsächlich alle Tiefenbereiche abdecken kann. Es gibt Wobbler, die direkt an der Oberfläche laufen, solche, die sich dicht darunter bewegen und diverse andere, die Schicht für Schicht bis in tiefe Gewässerbereiche abdecken. Mit schwimmenden Modellen kann man den Wobbler aus der jeweiligen Tiefe auftauchen lassen, mit einem Suspender lässt man ihn in der Tiefe stehen und mit einem tauchenden Modell lässt man ihn darunter absacken. Es gibt keine Tiefe,

Die unterschiedlichen Tauchschaufeln zeigen es: Hardbaits werden für alle Tiefenbereiche konstruiert.

die nicht in der gewünschten Weise beangelt werden kann.

7. Hohe Reichweite

Wobbler haben schlechte Flugeigenschaften, so hieß es noch vor nicht allzu langer Zeit. Diese Feststellung bezog sich auf leichte Wobbler aus Balsaholz, die sich beim

*Moderne Wobbler sind oft mit ausgeklügelten Gewichtssystemen versehen,
die hohe Reichweiten ermöglichen.*

Wurf querstellten, taumelten und nach nicht allzu vielen Metern abstürzten. Gegenüber Metallködern hatten sie das Nachsehen, was die Wurfweite anbelangte. Das hat sich mit der neuen Wobblergeneration aus Hartplastik grundlegend geändert. Moderne Wobbler verfügen zum Teil über ausgeklügelte Innenkonstruktionen mit Gewichten, die sich beim Wurf so positionieren, dass sie dem Köder eine optimierte Flugbahn und damit eine deutlich erhöhte Reichweite verschaffen. Sobald der Köder im Wasser ist, verlagern sich die Gewichte und geben ihm die richtige Ausrichtung zum Schwimmen. Neuartige Wobbler fürs Küstenangeln zeigen, welche früher kaum für möglich gehaltenen Reichweiten in ihnen stecken. Entfernungen sind heute kein Hindernis mehr für gute Wobbler.

Mit Metallkugeln im Wobblerkörper bietet der Köder auch eine akustische Reizkomponente.

8. Geräuscheffekte

Wobbler senden in erster Linie optische Reize aus. Sie werden vom Räuber gesehen, und das löst den Angriff aus. Mit einem Wobbler hat man aber auch die Möglichkeit, noch einen anderen, einen akustischen Reiz auszuüben. Wobbler, in deren Inneren sich Metallkugeln bewegen und gegen die harte Wand des Köders schlagen, zielen darauf ab, die Raubfische lautstark auf sich aufmerksam zu machen. Ein möglicher Effekt ist der, träge Fische wach zu rütteln oder die Aggression eines Fisches zu wecken oder auch einfach der, den Fisch auf etwas aufmerksam zu machen, was ihm sonst vielleicht entgangen wäre. Wobbler mit Kugeln in ihrem Inneren, auch Rassel-Wobbler genannt, schaffen es, Räuber auf sich aufmerksam zu machen, die

zu weit vom Köder entfernt sind, um ihn sehen zu können. Die Lautstärke des Köders erweitert damit seinen Wirkungskreis und macht den Köder selbst für Räuber interessant, die ihn, wenn er leise wäre, gar nicht bemerkt hätten.

9. Perfektion

In kaum eine andere Kunstködergruppe wurde in den letzten Jahren so viel Knowhow und Innovation investiert wie in Wobbler. Angefangen beim Material bis hin zur Oberflächengestaltung, Innenaufbau, Aerodynamik, Balance, Auftriebsverhalten wurde alles, was mit diesem Köder zu tun hat, in höchstem Maße perfektioniert. Mit einem hochwertigen Wobbler besitzt man heute tatsächlich einen extrem guten Köder, der – vorausgesetzt, er wird richtig eingesetzt – auch extrem gut fangen wird, weil er perfekt funktioniert. Der harte Kunststoff des Köders ist bissfest und übersteht viele Aufenthalte im Hechtmaul, die Tauchschaufel ist fest installiert, wie extrem scharf die

Hochwertige Modelle stellen Nachbildungen der Beute in Perfektion dar.

Gute, stabile Wobbler können ihrem Besitzer über Jahrzehnte schöne Fänge bescheren.

Drillinge sind, merkt man oft schon beim Montieren des Köders. Das Zusammenspiel aller Bestandteile und aller Eigenschaften eines guten Wobblers macht einem beim Betrachten schon Spaß, wenn man im klaren Wasser sieht, dass er sich von den echten Fischchen kaum unterscheidet. Noch mehr Spaß macht nur der Fang.

10. Lange Haltbarkeit

Manch einer mag gegen Wobbler – und zumal die hochwertigen Modelle aus Japan – einwenden, dass sie viel zu teuer seien. Das ist auf der einen Seite richtig, auf der anderen Seite sollte man bei der Beurteilung eines Preises den Nutzwert einkalkulieren. Ein Produkt, das schnell nutzlos wird, ist selbst bei einem niedrigen Preis teuer, aber ein Produkt, das lange gut und nützlich ist, erscheint auf einmal gar nicht mehr so teuer. Wobbler haben, vorausgesetzt, man setzt sie nicht in allzu riskanten Situationen ein, eine lange Lebenserwartung. Bestehen sie aus gutem Material, dann verkraften sie viele scharfe Zähne, ohne an Qualität und Wert einzubüßen. Stellen Sie einmal eine Vergleichsrechnung auf von Gummiködern, die schnell zerbissen werden und häufig an Hindernissen hängen bleiben, und einem Wobbler, der viele Bisse verträgt und lange ungehindert durchs Mittelwasser zieht. Der Wobbler wird, obwohl teuer in der Anschaffung, auf lange Sicht relativ preiswert.

TYPEN UND TECHNIKEN

Die vielen neuen Wobblertypen und Führungstechniken haben zu einer gehörigen Sprachverwirrung geführt. Nicht nur, weil zahlreiche neue Fachbegriffe eingeführt wurden, sondern auch, weil sie wahllos durcheinander geraten. Dabei gibt es eine grundsätzliche Ursache der Probleme: Die Fachbegriffe werden zum einen für Köderformen und zum anderen für Führungstechniken verwendet. Und die verwirrende Schwierigkeit besteht darin, dass man mit vielen Ködertypen viele Führungsarten ausüben kann – auch solche, für die sie nicht bestimmt sind.

Mit einem Kollegen aus Frankreich geriet ich einmal in einen Streit darüber, was ein Jerkbait sei. Er hatte darunter ganz andere Vorstellungen als ich. Er bezeichnete beispielsweise einen schlanken Wobbler mit Tauchschaufel als Jerkbait. Für mich war das ein Minnow. Bei den Franzosen, und nicht nur bei ihnen, wird solch ein Wobbler durchaus auch als Jerkbait bezeichnet. Er entspricht nicht der klassischen Definition, bzw. der bei uns gängigen Definition, aber er kann eben durchaus auch ein Jerkbait sein, wenn man ihn entsprechend benutzt.

Alles machbar

Stellen Sie sich das wie mit einem Ball vor. Ein Handball ist zum Handball spielen. Aber keiner kann einen daran hindern, mit einem Handball auch Fußball oder Basketball und wieso nicht auch Tennis zu spielen. Geht alles,

Viele moderne Spinnfischer bevorzugen die Baitcasterrolle für moderne und manchmal auch konventionelle Techniken.

aber am besten eignet sich ein Handball doch immer noch zum Handball spielen.

So kann man einen Crankbait durchaus auch jerken, obwohl er seine Stärken in einer anderen Technik hat. Man kann einen Twitchbait auch cranken, obwohl der Twitchbait seine besonderen Fähigkeiten beim Twitchen entfaltet. Einen Jerkbait können Sie cranken oder twitchen, aber man sollte ihn jerken. Bei diesen Ködern sagt ihr Name, wozu sie bestimmt sind – was einen, wie gesagt, nicht davon abhalten sollte, mit ihnen etwas anderes zu machen.

Mit oder ohne Tauchschaufel

Zur Definition eines Jerkbaits gehört bei uns, dass er keine Tauchschaufel besitzt. Denn eine Tauchschaufel bedeutet, dass der Köder beim gleichmäßigen Einholen eine bestimmte Eigenbewegung entwickelt. Und das widerspricht unserem Verständnis von Jerkbaits. Allerdings kann man selbstverständlich auch einen Wobbler mit Tauchschaufel jerken, also ruckartig bewegen. Macht man damit aus ihm einen Jerkbait? Auf jeden Fall jerkt man ihn. Und wieso sollte man einen Wobbler, den man jerkt, nicht Jerkbait nennen?

Alle sind ein bisschen crank

Unter einem Crankbait versteht man einen Wobbler, den man gleichmäßig einkurbelt, ohne ihn zu zupfen oder zu rucken. Er wird nicht mit der Rute geführt, nur über die Rolle. Mit welchen Wobblern kann man das machen? Natürlich mit allen. Wieso sollte man irgendeinen Wobbler nicht einfach einkurbeln? Die Antwort lautet: Weil man etwas Besseres mit ihm machen kann. Einfach einkurbeln sollte man nur die Wobbler, die dabei am besten wirken. Das sind in der Regel dickbauchige Modelle, die beim Einholen intensiv wackeln. Sie sind die klassischen Crankbaits. Aber, wie gesagt, cranken kann man grundsätzliche jeden Wobbler.

Dann gibt es aber auch Bezeichnungen wie Minnow oder Stickbait, die nichts darüber aussagt, wie man den Köder zu behandeln hat. Der Minnow wird nach einem kleinen Fisch benannt, dem er ähnelt. Was man mit ihm macht? Cranken, twitchen oder jerken – je nachdem, was am besten funktioniert. Ein Stickbait sieht aus wie ein Stab, ein Stock oder eine Zigarre. Er besitzt keine Tauchschaufel, das bedeutet schon einmal, dass er keine überzeugenden Eigenbewegungen kreieren wird. Man muss ihm also selbst eine attraktive Beweglichkeit einhauchen bzw. einschlagen, und das geschieht mit Hilfe der Rute, mit der er sanft gezupft oder unsanft geschlagen wird.

Wer sich in einem Angelladen in Amerika oder auf einer amerikanischen Homepage bei den Wobblern umschaut, findet dort manch eine Bezeichnung, die sich nicht so recht mit unseren Vorstellungen von dem Köder deckt. Ein Fachgespräch über Wobbler kann zwischen Anglern unterschiedlicher Nationen deshalb zu großen Missverständnissen führen. Denn das, was der eine unter einer bestimmten Bezeichnung versteht, deckt sich nicht unbedingt mit dem, was der andere darunter versteht.

Was mit einem Begriff gemeint ist, sollte also genau definiert sein, um Missverständnisse zu vermeiden, oder um sie zumindest einzugrenzen. Denn ganz vermeiden kann man sie nicht, weil sich nicht alle Wobbler eindeutig definieren lassen und weil viele Wobbler auch unterschiedlich verstanden werden können. Dann sind sie nicht nur ein bestimmter Typ, sondern immer auch noch irgendein anderer. Die Sache ist also nicht ganz so einfach, aber deshalb schauen wir uns all die verschiedenen Wobbler jetzt etwas genauer an. Anschauen hilft in den Streitfällen nämlich am besten weiter. Denn wenn man den Köder sieht, weiß man zumindest genau was gemeint ist, dann stellt sich nur noch die Frage, wie man es beim Namen nennen soll. Dabei wird es allerdings in einigen Fällen nicht einmal eine Einigung geben.

Wenn der Name nichts verrät

Bei vielen Wobblern sagt ihre Bezeichnung, was man mit ihnen zu tun hat. Jerkbaits werden gejerkt, Twitchbaits getwitcht und Crankbaits gecrankt, aber was macht man mit Minnows oder anderen Wobblern, deren Name uns nicht verrät, was wir zu tun haben? Grundsätzlich muss man sich ein bisschen mit den Hardbaits befassen, um zu erkennen, wozu welches Modell zu gebrauchen ist. Dann gilt aber: Man darf mit jedem Wobbler machen, was man will. Hauptsache, er tut dann auch genau das, was man von ihm erwartet. Wenn er es nicht tut, handelt es sich um das falsche Modell für die jeweilige Aufgabe. Dann muss man weiter nach dem richtigen suchen – und sich doch wieder mit Wobblern befassen.

Ruten und Rollen

Zum Thema Typen und Techniken gehört auch die Frage nach der passenden Rute und Rolle zum Köder. Dabei lässt sich in der Rutenfrage noch relativ einfach ein weitgehender Konsens erzielen, während sich an der schwerwiegenderen Frage nach der richtigen Rolle die Geister scheiden. Im Zweifelsfall gibt es dann keine klare Antwort, sondern verschiedene Möglichkeiten, aus denen sich jeder das Passende aussucht.

Zunächst einmal zur Rute, mit der es eine Grundregel zu beherzigen gilt, ganz gleich, welche Führungstechnik man mit ihr ausüben will: Das Wurfgewicht muss zum Gewicht des Köders passen. Nur dann kann man den Köder beherrschen, ansonsten beherrscht er uns. Hat die Rute ein Wurfgewicht von 10 bis 20 Gramm, sollten wir Köder von 15 Gramm sehr gut mit ihr werfen und führen können. Wird das Wurfgewicht allzu weit gefasst, etwa 10 bis 50 Gramm, wird es am unteren oder oberen Ende Schwierigkeiten geben, vielleicht auch an beiden. Hier gilt es, selbst herauszufinden, für welches Gewicht die Rute wirklich passt.

Je leichter die Köder sind, desto genauer muss man die Abstimmung mit der Rute vornehmen. Köder von nur 1 bis 2 Gramm Gewicht können nicht gut mit einer Rute präsentiert werden, die ein doppelt so hohes Wurfgewicht hat. Bewegt man sich mit Köder und Rute im 100-Gramm-Bereich, machen dagegen ein paar Gramm mehr oder weniger oft nichts aus.

Bei der Rutenaktion entscheiden sich die meisten modernen Spinnfischer für einen relativ harten, schnellen Blank. Das ist insbesondere dann die einzig richtige Wahl, wenn man Köder twitchen, jerken oder an der Oberfläche anbieten will. Die Zupfer und Schläge kommen nur mit einem stram-

Modernes Spinnfischen wird heute gerne mit kurzen, schnellen Ruten und Baitcasterrollen betrieben.

men Blank richtig an. Ist dieser zu weich, verschluckt er gewissermaßen die Dynamik und lässt den Impuls nicht ausreichend zum Köder durchdringen.

Moderne Ruten zeigen oft nicht mehr den klassischen durchgehenden Korkgriff. Der Griff besteht häufig aus Kunststoff und ist mehrteilig. Was für viele zunächst gewöhnungsbedürftig war, entpuppte sich schließlich als angenehm und vorteilhaft. Insbesondere, wenn der mehrteilige Griff einen direkten Kontakt zum Blank ermöglicht, vermittelt er eindeutig mehr Feingefühl für den Köder und seine Bewegungen. Feingefühl möchte man ebenfalls über die Rolle entwickelt, und damit wären wir auch schon bei der Streitfrage.

Passend zur Rute

Aber bevor wir zur Glaubensfrage Stationärrolle oder Multirolle kommen, wieder eine Grundregel: Die Rolle – welche auch immer – muss zur Rute passen. Die Rute mit montierter Rolle sollte sich gut balancieren lassen, wenn man sie mit dem Griffteil dicht vor der Rolle auf den Zeigefinger legt. Kippt sie dabei deutlich nach hinten, ist die Rolle vermutlich zu schwer, kippt sie nach vorne, ist die Rute kopflastig. In beiden Fällen wird man während des Angelns immer bemüht sein, dem Kippen der Rute entgegenzuwirken. Vielleicht ist das nicht mit einer großen Kraftanstrengung verbunden, aber es ist unnötig und beeinträchtigt die Harmonie zwischen Angler und Gerät.

Bis vor einigen Jahren hat man das Spinnfischen bei uns ausschließlich mit der Stationärrolle betrieben. Mit den modernen

Ultraleichte Rute, mittlere Spinnrute und schwere Jerkrute: Die Abstimmung von Rute, Rolle und Köder muss passen, damit am Wasser alles funktioniert.

Techniken hat aber auch die Multirolle, vor allem in Gestalt der kleinen, flachen Baitcasterrolle, bei uns Eingang ins Spinnfischen gefunden. In Ländern wie Amerika und Japan, aber auch in unseren Nachbarländern Niederlande und Dänemark angelt man schon viel länger mit Multirollen. Und wenn dort so viele und gerade auch die professionellen Angler sich der Multirolle bedienen, muss an ihr etwas dran sein.

Gegenüber der Stationärrolle, die ohne Frage einfach zu handhaben ist, entscheidet man sich mit der Baitcaster für die schwierigere Rolle. Sie perfekt zu bedienen, erfordert eine längere Lernphase als im Falle der Stationärrolle.

Die Schwierigkeiten fangen mit den unterschiedlichen Bremssystemen der Baitcaster an. Baitcasterrollen besitzen neben der Kampfbremse für den Drill eine Fliehkraft- oder eine Magnetbremse. Beide Bremstypen mit unterschiedlichen Mechanismen dienen demselben Zweck: Sie sollen das Drehmoment der Schnurspule um die Achse regulieren und verhindern, dass es zu einem Schnurstau kommt. Man bedenke, dass der Köder zu Beginn des Wurfes die Achse schneller in Rotation versetzt als am Ende, kurz bevor er ins Wasser fällt und keinen Zug mehr ausübt. Die Bremse soll hier eine Abstimmung zwischen Zug und Mechanik der Rolle schaffen. Dennoch wird es wohl keinem einzigen Anfänger erspart bleiben, seine Multi von Schnurperücken zu befreien. Das Drehmoment dieses Rollentyps bekommt man nur mit Erfahrung unter Kontrolle. Dabei wird man lernen müssen, den Daumen als weiteres Bremssystem auf der Schnurspule einzusetzen.

Wieso entscheiden sich dennoch so viele Profis für die Baitcasterrolle? Sie hat, wenn

Wenn sich die Rute mitsamt Rolle so auf dem Finger balancieren lässt, dann sind die Geräte ausgewogen aufeinander abgestimmt.

Stationärrolle oder Baitcaster? Die Rolle ist richtig gewählt, wenn sie dem Angler gefällt. Dann wird er nämlich am besten mit ihr angeln.

man sie richtig bedienen kann, eben doch Vorteile. So lässt sich mit einer Baitcaster sehr präzise werfen. Weil der Köder die Schnur stets zieht, fliegt er sehr kontrolliert und kann sogar in gewissem Grade gelenkt werden. Durch den direkten Lauf der Schnur auf die Spule – die Schnur wird nicht wie bei der Stationärrolle im 90 Grad umgelenkt – und den Daumenkontakt zur Schnur hat man sehr viel Gefühl für den Köder. Die direkte Wicklung auf die Spule mit Achsverlauf quer zur Rutenausrichtung macht die Rolle extrem stark und stabil. Beim Einsatz schwerer Köder erweisen sich Multirollen auf Dauer als sehr viel robuster. Und schließlich bringt das Hantieren mit der kleinen Baitcasterrolle, wenn man sie beherrscht, auch einfach eine Menge Spaß.

Aber die Entscheidung für den Rollentyp liegt beim Angler, denn nicht nur die Geräte müssen zusammenpassen, sie müssen auch zum Angler passen.

Die richtige Einstellung

Mit den Bremsen der Baitcasterrolle muss man sich eingehend befassen, bevor man sie richtig in den Griff bekommt. Hier nur ein wichtiger Hinweis zur Einstellung der Magnet- bzw. Fliehkraftbremse: Die richtige Einstellung wird so getestet: Man hält die Rute waagerecht und lässt den Köder unter der Rutenspitze hängen. Betätigt man nun den Freilauf, sollte der Köder langsam Schnur von der Rolle ziehen, bis er auf den Boden aufkommt. In diesem Moment sollte die Schnurspule sofort aufhören, sich zu drehen.

CRANKBAITS – GLEICHMÄSSIG EINKURBELN

Für alle, die in der weiten Welt der Wobbler noch nicht zuhause sind, empfiehlt sich ein Einstieg mit den sogenannten Crankbaits. Denn sie verlangen vom Angler nicht mehr, als dass er sie auswirft und einkurbelt.

Ehe die Wobber in viele unterschiedliche Typen unterteilt wurden, hätte man, wenn es den Begriff schon gegeben hätte, jeden Wobbler als Crankbaits bezeichnen müssen. Denn damit ist nichts anderes gemeint, als dass der Köder gleichmäßig eingeholt wird. Man macht also nicht mehr mit ihm, als ihn auszuwerfen und wieder einzuholen. Und das ist genau das, was man früher mit allen Wobbler gemacht hat. Bevor es all die anderen Wobblermodelle und Führungs-

techniken gab, wäre keiner auf die Idee gekommen, die Wobbler nach dieser wie selbstverständlich erscheinenden Methode zu benennen.

Das Wort crank bedeutet im angloamerikanischen Sprachgebrauch so viel wie kurbeln. Gemeint ist damit das Einkurbeln des Köders, des baits. Weil das alleinige Einkurbeln eines Köders noch nicht zwingend besonders aufsehenerregend ist, sind Crankbaits so konstruiert, dass sie eben doch Aufsehen erregen. Sie haben nämlich einen voluminösen Körper, mit dem sie reichlich Wasser verdrängen, den sie bei der Fortbewegung ordentlich vibrieren lassen und mit dem sie sich deutlich auf der Seitenlinie der Raubfische bemerkbar machen.

Schwieriger Anfang

Als Urvater der Crankbaits kann man den Big S von Shakespeare betrachten, der in

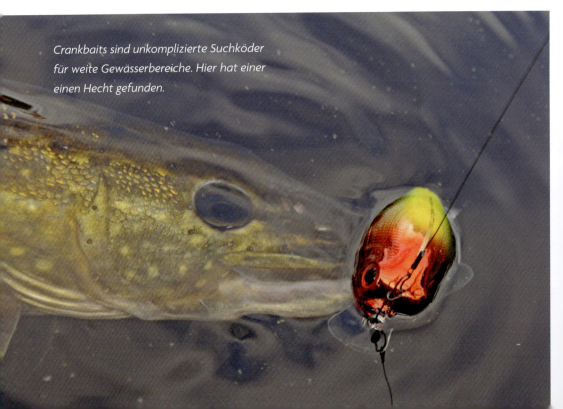

Crankbaits sind unkomplizierte Suchköder für weite Gewässerbereiche. Hier hat einer einen Hecht gefunden.

den 1970er Jahren in den Angelläden für besondere Aufmerksamkeit gesorgt. Denn solch einen eiförmigen Wobbler hatte man bis dahin nicht gesehen. Und Crankbait hat man ihn damals auch noch nicht genannt. Inzwischen haben zahlreiche Wobblerhersteller entsprechende Modelle in ihr Programm aufgenommen und produzieren sie in unterschiedlichsten Ausführungen und Größen mit verschiedensten Farben und

Der Vater aller Crankbaits

Als die Firma Shakespeare den Anglern in den 1970er Jahren den Big S präsentierte, gab es viel Verwunderung und Irritation angesichts eines eiförmigen Wobblers, der so gar nicht einem Fisch ähnelte und auch nicht den bislang gängigen Wobblern. Aber der Big S sollte keiner Beute zum Verwechseln ähnlich sehen, er sollte durchs Wasser wackeln und vibrieren, um auf diese Weise die Raubfische zum Zupacken zu bewegen. Diese Aufgabe erfüllte er vorbildlich, und ein Vorbild war er damit auch für unzählige Wobbler vom Typ Crankbait, die ihm als Urvater dieser Köderkategorie nachempfunden wurden.

Cranken bedeutet, dass man den Wobbler einfach einkurbelt. Natürlich darf man ihn mit Stopps und Beschleunigungen interessanter machen.

Mustern. So gibt es kleine Modelle für Forellen, mittlere für Barsche und Rapfen und große für Hechte.

Viele Crankbaits sind mit Metallkugeln ausgestattet, die frei beweglich im Körper des Wobblers für beträchtlichen Lärm sorgen. Lärmende Wobbler können Reizwirkung auf den Fisch haben, sie können ihn unter Umständen aber auch verschrecken. Rasselkugeln entfalten manchmal also positive und manchmal aber eher negative Wirkung. Deshalb sollte man sich genau überlegen, ob man einen lärmenden oder einen leisen Crankbait einsetzt. Viel Lärm sollte man grundsätzlich nur dann machen, wenn ein Wobbler ohne Rasselkugeln – der schließlich auch so schon auffällig genug ist – nicht die gewünschte Wirkung erzielt.

Den unterschiedlichen Tauchschaufeln der Crankbaits ist anzusehen, dass diese Wobbler für unterschiedliche Gewässertiefen ausgelegt werden. Der Spinnfischer wird in den meisten Fällen mit flach laufenden Modellen angeln, die Tiefenbereiche von der Oberfläche bis 2 Meter abdecken. Deutlich tiefer laufende Modelle lassen sich beim Werfen und Einholen nicht komfortabel auf ihre eigentliche Lauftiefe bringen. Deshalb bilden sie eher die Ausführungen fürs Schleppangeln.

Gute Flieger

Der kugelförmige Körper eines Crankbaits verleiht ihm gute Flugeigenschaften. Im Ge-

Auf das verführerische Wackeln des Crankbaits fällt auch schon mal ein Aland herein.

gensatz zu den meisten langen schlanken Wobblern erreicht man mit ihm beachtliche Wurfweiten. Diese Eigenschaft qualifiziert den Crankbait dazu, mit ihm lange Strecken abzuangeln. Er ist also eine Empfehlung für den Spinnfischer, der weite Gewässer effektiv absuchen will, ohne sich dabei in einer zu detaillierten Befischung einzelner Spots zu verlieren. Crankbaits sind tatsächlich mehr Strecken- als Hotspot-Wobbler. Man darf sie mit Recht als Suchköder bezeichnen, mit denen man schnell und effektiv weite Gewässerbereiche nach Räubern absuchen kann. Wenn man sie gefunden hat, werden sie sich schon zu erkennen geben. Oftmals hält dann die Reizwirkung des Crankbaits

allerdings nicht allzu lange an, und es empfiehlt sich, auf ein dezenteres Modell zu wechseln.

Was die Gewässerkategorien betrifft, so ist der Crankbait in erster Linie ein Wobbler für stehende Gewässer. Er zählt zu den unkomplizierten Wobblern, die keine raffinierte Technik erfordern, aber er muss zumindest ungestört seine Bahnen ziehen können. Zu starke Strömung kann ihm dabei einen Strich durch die Rechnung machen. Denn der Köder bietet der Strömung mit seinem kompakten Körper eine recht große Angriffsfläche und kann damit leicht aus der Bahn gedrückt werden. In Fließgewässern führt man ihn deshalb besser nur geradlinig mit der Strömung oder gegen diese, aber nicht so, dass er quer zum Wasserdruck läuft.

Durch sein auffälliges Vibrieren wird der Crankbait geradezu zu einer „Sehhilfe" unter schwierigen Sichtverhältnissen. In trübem Wasser und in der Dunkelheit lässt er sich von den Fischen leicht orten. Was macht ihn zu einem erfolgreichen Wobbler bei schlechter Sicht.

Mit ihrer „eingebauten" Eigenbewegung muss man Crankbaits eigentlich nur gleichmäßig einkurbeln (A). Gelegentliches Abstoppen, bei dem der Wobbler leicht auftreibt, kann ihn noch reizvoller machen (B). Bei hindernisfreiem Untergrund sind regelmäßige Stöße in den Boden eine attraktive Variante (C).

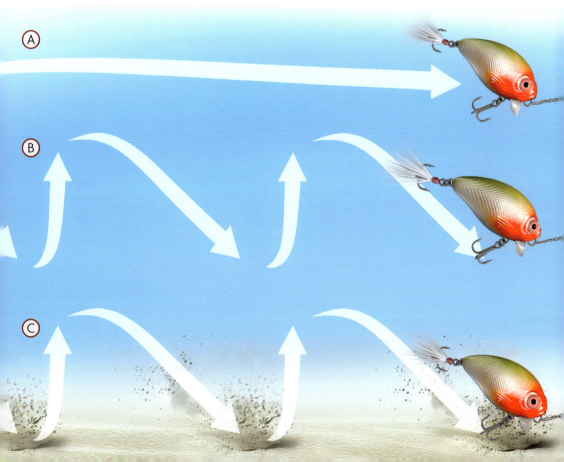

Tauchschaufel

Wie bei allen Wobblerformen sagt die Länge und Position der Tauchschaufel etwas über das Schwimm- bzw. Tauchverhalten aus. Viele Crankbaits besitzen eine kurze, steil nach unten gerichtete Tauchschaufel, denn sie sind fürs Flachwasser und einen geringen Tiefgang bestimmt. Aber es gibt auch Modelle mit einer langen, weitgehend horizontalen Tauchschaufel. Bei ihnen handelt es sich um Tieftaucher, die seltener geworfen als vielmehr geschleppt werden. Denn sie brauchen eine gewisse Anlaufstrecke, bis sie ihre Solltiefe erreicht haben.

Hindernis-Köder

Crankbaits zeichnen sich mit ihrem voluminösen Körper als gute Köder für hindernisreiche Gewässer aus. Zwar besteht in Gewässern mit vielen Hindernissen immer die Gefahr, einen Köder zu verlieren, aber wenn man dort einen Wobbler anbieten möchte, dann am besten einen Crankbait. Sein Vorteil zwischen Wasserpflanzen und Geäst besteht darin, dass sein dicker Körper eine gewisse Deckung für die Drillinge bietet. Sie bewegen sich gewissermaßen im Strömungsschatten des bauchigen Köders. Deshalb können die Hakenspitzen nicht so leicht an einem Hindernis greifen wie die der Drillinge von schlanken Wobblern. An Seerosen oder Schilfhalmen lässt sich sehr gut beobachten, wie sich der voluminöse Körper des Crankbaits durch sie hindurch schaukelt und die beweglichen Pflanzen leicht zur Seite schiebt. Das soll nicht heißen, dass man einen Crankbait bedenkenlos ins Seerosenfeld feuern kann. Aber dieser Wobblertyp wird einfach leichter mit Grünzeug fertig, das sich ihm in den Weg stellt.

Eingebauter Reiz

Crankbaits haben mit ihrem dicken, vibrierenden Körper praktisch einen eingebauten Bewegungsreiz. Der reicht im Normalfall schon aus, um den Raubfisch zubeißen zu lassen. Das ist schließlich auch das Charakteristische und Namengebende des Köders, er wird einfach eingekurbelt oder auf Neudeutsch gecrankt.

Aber selbstverständlich muss sich keiner an den Namen Crankbait gebunden fühlen und

den Wobbler immer gleichmäßig einkurbeln. Er bietet diese einfache Möglichkeit der Köderführung, aber man kann auch noch mehr aus ihm herausholen.

Bei nahezu allen Kunstködern macht es sich gut, sie zwischendurch abzustoppen, um damit eine kleine Veränderung in ihr Verhalten zu bringen. Einem Raubfisch, der den gleichmäßigen Lauf eines Köders beobachtet, könnten Zweifel an solch einem Verhalten seiner potenziellen Beute kommen. Denn keines seiner Beutetiere schwimmt über lange Strecken in gleichem Tempo monoton geradeaus – schon gar nicht, wenn sein Leben durch einen Fressfeind bedroht wird. Ein Stopp, bei dem der Köder auf der Stelle steht, etwas aufsteigt oder absinkt, und sich anschließend wieder in Bewegung setzt, erscheint da allemal glaubwürdiger. Deshalb kann ein gelegentlicher Spinnstopp einem Crankbait durchaus einen erhöhten Reiz verleihen.

Mit tief laufenden Crankbaits besteht noch eine andere Möglichkeit der Köderpräsentation, nämlich die Führung über Grund, bei der man den Köder auch immer wieder direkt auf den Boden stoßen lässt. Über weichem Boden kann das einen sehr ver-

Spezialkonstruktion für hindernisreiche Gewässer von Sébile. Der Einzelhaken setzt sich nirgendwo fest, außer im Räubermaul. Dazu schnellt er sogar nach oben.

Über hindernisfreiem Boden ist es eine vielversprechende Technik, den Crankbait beim Einholen immer wieder kurz in den Grund stoßen zu lassen.

führerischen Effekt haben, wenn der Wobbler immer wieder mit seiner Tauchschaufel in den Grund stößt und dabei ein wenig Staub aufwirbelt. Er erscheint damit wie ein kleiner Fisch, der auf Nahrungssuche im Grund wühlt.

Weniger Hänger

Wobbler durch Geäst und Wasserpflanzen ziehen, ohne dass sie hängenbleiben, das wäre was. Das geht natürlich nicht, solange die Köder mit zwei Drillingen ausgestattet sind. Wenn der Wobbler aber nur einen Einfachhaken hat, sind seine Chancen sehr gut, hängerfrei durch Hindernisse zu schwimmen. Generell sind Crankbaits der hindernisreichen Aufgabe besser gewachsen als schlanke Wobbler, weil ihr dicker Körper den Drillingen Schutz gibt und sie sich mit ihrem großen Volumen den Weg frei wackeln. Spezialkonstruktionen von Crankbaits mit einem beweglichen Einzelhaken machen diesen Wobblertyp sogar noch resistenter gegen tückische Hindernisse.

Hoher Wiedererkennungswert

Crankbaits sind für nahezu alle Raubfischarten unwiderstehlich. Es gibt deshalb keinen bestimmten Zielfisch für diese Art von Hardbait. Die bauchigen Wobbler werden in allen Größen und für alle Tiefen gefertigt, und damit lassen sie sich auch allen Räubern anbieten. Und da Crankbaits keine bestimmte Beute realistisch zu imitieren versuchen, sondern an den Jagdinstinkt des Raubfisches appellieren, haben sie auch bei ihnen allen Erfolg.

Sollte der Erfolg nach zunächst guten Fängen auf einmal ausbleiben, könnte das mit einem Lerneffekt bei den Raubfischen zusammenhängen. Je auffälliger und charakteristischer die Bewegungen eines Köders sind, desto leichter erkennen die Fische sie wieder und bringen sie mit Gefahr in Verbindung. Und Crankbaits haben nun einmal einen sehr charakteristischen Lauf und einen hohen Wiedererkennungswert. Das lässt sich besonders gut beobachten, wenn man beispielsweise einen Schwarm Barsche beangelt oder den Köder am Forellensee einsetzt. Nach anfänglich guten Fängen lässt die Verführungskraft des Wobblers stark nach und er wird schließlich nur noch beobachtet, aber nicht mehr genommen.

Crankbaits sind gute Suchköder und Garanten für den schnellen Erfolg auf unerfahrene Fische. Für eine dauerhafte Überzeugung sind sie aber ein bisschen zu unsensibel und zu leicht zu durchschauen. Aber wenn der Crankbait seine Arbeit getan hat, gibt es ja noch jede Menge andere Wobbler-Modelle, die sein Werk fortsetzen können.

Oben: Sucht man in einem Gewässer nach Barschen, ist ein kleiner Crankbait sehr behilflich beim Auffinden.

Unten: Auch Salmoniden, hier ein Saibling, lassen sich von den Vibrationen des Crankbaits verführen.

LIPLESS CRANKBAITS – KEINE LIPPE RISKIEREN

Sie haben keine Tauchschaufel (englisch lip, also Lippe), und doch lässt der Wasserdruck beim Einholen sie gut abtauchen. Lärmend und vibrierend ziehen sie dann auffällig ihre Bahnen.

Diese Wobbler sehen eindeutig anders aus als alle anderen. Sie haben einen Körper, der sich oft nicht einmal Mühe gibt, auch nur ungefähr fischartig auszusehen. Einige sehen aus wie eine Raute, kein Kopf, kein Schwanz, keine Flossen, nichts, was an einen Fisch erinnert. Nicht einmal an einen Wobbler erinnert viel. Der seitlich abgeflachte Körper hat eine weit nach hinten versetzte Schnuraufhängung auf dem Rücken. Dadurch wird anstelle einer Tauchschaufel das platte Vorderteil des Wobblers beim Einholen zum Wasserwiderstand. Die fehlende Tauchschaufel gibt dem Köder schließlich auch seinen Namen Lipless Crankbait.

Als Crankbait zählen diese eigenwillig aussehenden Wobbler allerdings zu den technisch einfachen Modellen, die ohne besondere Handhabung eingekurbelt werden. Sie sind nämlich so konstruiert, dass der Strömungsdruck auf ihre abgeschrägte Vorderseite und auf ihre Flanken zu einer starken Vibration des Köders führt. Dieser Eigenschaft verdanken sie auch die im amerikanischen Sprachraum geläufige Bezeichnung als Vibration Lure.

Ein prächtiger Sommerbarsch hat den Lipless Crankbait genommen.

Die vibrierenden Bewegungen schicken selbst schon mächtige Druckwellen zu den Seitenlinien der Fische, sie lassen sich aber noch verstärken, denn der vibrierende Körper ist ideal, um Rasselkugeln zum Klingen zu bringen. Nicht von ungefähr sind deshalb viele Lipless Crankbaits mit Metallkugeln ausgestattet, die zu einer enormen Lautstärke dieser Wobbler führen können. Die lautesten Modelle kann man tatsächlich sogar hören, wenn sie noch viele Meter vom Angler entfernt unter Wasser sind. Die rasselnden Kugeln haben dem Köder als Rattlebait einen weiteren Namen eingetragen.

Schließlich sei noch eine – allerdings etwas irreführende – Bezeichnung erwähnt. Denn die Lipless Crankbaits werden auch gerne Vertikalwobbler genannt, was den fälsch-

Ursprünglich waren Lipless Crankbaits große Hecht- und Muskyköder. Nun gibt es aber auch kleinere Modelle für nicht so große Räuber.

lichen Eindruck vermittelt, diese Wobbler wären als Vertikalköder entwickelt worden. Zwar kann man die sinkenden Modelle dieser Wobbler durchaus beim Vertikalangeln einsetzen, und man wird mit ihnen auf diese Weise sogar fangen. Aber zum einen gibt es für diese Technik bessere Köder und zum anderen sind Lipless Crankbaits zum Werfen und aktiven Spinnfischen konzipiert. Ihre Aufhängung und ihre abgeschrägte Kopfseite dienen schließlich dazu, sie beim Einholen auf Tiefe und in Bewegung zu bringen. Ein klares Zeichen dafür, dass man sie bewegen und nicht vertikal hängen lassen soll.

Vertikal-Wobbler

Lange Zeit bestand das Missverständnis, Lipless Crankbaits seien Wobbler zum Vertikalangeln. Zwar lassen sie sich durchaus vertikal anbieten, und weil sie dabei richtig ausgerichtet über dem Grund schweben, könnte man sogar meinen, sie seien dafür gemacht. Aber bei dieser Technik entfalten sie schließlich gar nicht ihre Stärken, das vibrierende, lärmende Laufverhalten. Um das zu erreichen, müssen sie geworfen und eingeholt werden, und dazu sind sie auch gedacht. Ihren typischen Lauf entwickeln sie natürlich auch beim Schleppen, für das sie ebenso geeignet sind.

Moderne Klassiker

Lipless Crankbaits wirken wie die neueste Entwicklung der Ködertechnik, dabei sind sie überraschend alt. Bill Lewis hat diesen Wobblertyp nämlich bereits in den 1960er Jahren entworfen. Mit seinem Rat-L-Trap hat er die Urform dieses Wobblertyps kreiert

und damit einen Klassiker, der heute noch zu den Top-Modellen der Lipless Cranks zählt. Es gibt ihn inzwischen in unterschiedlichen Ausführungen vom kleinen Barschköder bis zum Format für kapitale Hechte.

Mit den Modellen anderer Firmen wird einem ein noch breiteres Spektrum unterschiedlicher Modelle geboten, die sich in der grundsätzlichen Gestaltung ähneln, sich aber in speziellen Eigenschaften unterscheiden.

Einige Modelle setzen auf extreme Lautstärke. So trägt der Screamin' Devil, der schreiende Teufel von Spro, seine Lautstärke bereits im Namen, und er dürfte wohl tatsächlich der Lauteste von allen sein. Aber auch andere setzen auf Lärm. So wurde dem Clackin' Rap von Rapala ein metallener Klangkörper eingebaut, der für durchdringende Klackgeräusche sorgt.

Lipless Cranks werden – genau wie andere Wobblermodelle – in schwimmenden und sinkenden Ausführungen produziert. Einigen merkt man es schon am Gewicht an, zu welcher Kategorie sie gehören. Am Gewicht im Verhältnis zur Körpergröße und –form kann man oft auch erkennen, ob der Wobbler über gute Flugeigenschaften verfügt. Schwere, kompakte Modelle können durchaus gut und weit fliegen, was aber nicht unbedingt eine Stärke aller Lipless Crankbaits ist.

Die ungewöhnlich weit nach hinten versetzte Aufhängung der Lipless Crankbaits bestimmt die Tauchtiefe und die Vibrationsintensität des Köders. Da man damit bei der Köderführung sehr festgelegt ist, haben einige Köderproduzenten ihr Modell mit zwei Ösen ausgestattet, was Variationen bei der Lauftiefe und der Vibrationen ermöglicht.

Zwei Ösen für unterschiedlichen Tiefgang und unterschiedliche Vibrationen.

Metallnase

Die Präsentation des Lipless Crankbaits direkt über dem Gewässerboden mit regelmäßigem Kontakt des Bodens geht mit der Zeit sehr auf die Nase des Köders. Einige dieser Köder wurden deshalb mit einer Metallkappe versehen, die das Vorderteil des Wobblers schützt und lange haltbar macht. Wenn dieser Wobbler über harten, steinigen Boden geführt wird, ergeben sich aus dem Aufprall der Eisennase sogar noch akustische Signale, mit denen die Aufmerksamkeit der Raubfische zusätzlich geweckt wird.

Starke Eigendynamik

Zur Frage der richtigen Köderführung gibt der Name Crankbait bereits den entscheidenden Hinweis. Auch die Lipless-Modelle lassen sich ganz einfach einkurbeln. Da sie selbst mit ihrem vibrierenden Körper genug Eigendynamik besitzen, muss man sie nicht durch zusätzliche Rutenbewegungen verstärken.

Dennoch kann es von Vorteil sein, den Lauf des Wobblers immer wieder ein wenig zu variieren, ihn abzustoppen oder zwischendurch einmal zu beschleunigen. Dadurch verändert man nicht nur die Bewegung, sondern auch den Klang des Köders, und das plötzliche Andere kann immer auch zu einem plötzlichen Biss führen.

Lipless Crankbaits sind aufgrund ihrer einfachen Gestaltung sehr robust und verkraften problemlos die eine oder andere Begegnung mit einem Hindernis. Einige Modelle sind sogar mit einer Metallkappe bestens auf den harten Aufprall vorbereitet. Man kann den Köder deshalb sehr gut auf den Gewässerboden herabziehen und dort effektvoll aufkommen lassen. Daraus lässt sich eine verführerische Methode machen, indem man den schwimmenden Wobbler immer wieder auf den Boden zieht, ihn auftreiben lässt und wieder auf den Boden zieht. So lässt man ihn im Zickzack über den Boden stoßen und dabei im Idealfall so viel Staub aufwirbeln, dass seine Aktivität für Raubfische unübersehbar wird. Selbstverständlich praktiziert man diese Technik nur über hindernisfreiem Boden. Ihre „eingebaute Eigenbewegung" macht die Lipless Crankbaits übrigens auch zu ausgezeichneten Schleppködern. Sie halten zuverlässig ihre Tiefe und sorgen selbst bei monotoner Fahrt durch ihre Vibrationen und die Klänge ihrer Kugeln dafür, dass sie sogar auf große Entfernung wahrgenommen werden.

Sommer bevorzugt

Lipless Crankbaits gelten als ausgesprochene Sommerköder. Einige Angler behaupten, die laut rasselnden Köder würden die trägen Räuber aus ihrer Lethargie reißen und zum Zubeißen bewegen. Das mag durchaus ein Effekt dieser Wobbler sein, der sich tatsächlich nur in den Sommermonaten einstellen dürfte. Im Winter könnte der Krachmacher einen trägen Fisch vielleicht wecken, aber

wohl kaum zum Zubeißen bringen. Dafür zieht er einfach zu schnell an ihm vorüber. Diese Wobbler gehören in der Tat zu den schnellen. Sie werden in der Regel sehr zügig geführt, und das bedeutet, sie appellieren an aktive, aggressive Raubfische. Sie eignen sich also nicht dazu, heikle Fische mit Raffinesse zum Zupacken zu überreden. Ein Lipless Crank wird nur von einem Fisch genommen, der in Jagdlaune ist und auch wirklich zubeißen will.

Bei empfindlichen Fischen kann ein zu lauter und zu auffälliger Lipless Crankbait sogar abschreckende statt anziehende Wirkung haben. Ihnen ist das lärmende Ding nicht geheuer und deshalb lassen sie gleich die

Seine starke Eigenbewegung macht den Lipless Crankbait schon interessant, wenn er gleichmäßig eingeholt wird (A). Unregelmäßiges Beschleunigen und Verlangsamen (B), rhythmisches Abtauchen auf den Grund und Auftauchen von schwimmenden Modellen (C) sowie Anziehen und Absinken von sinkenden Modellen (D) sind alternative Bewegungsmuster.

Zähne davon. Ihnen bietet man entweder einen Lipless Crank ohne Rasselkugeln an oder gleich einen ganz anderen Wobblertyp.

Das Wirkungsspektrum zwischen Top und Flop lässt sich sehr gut beim Barschangeln beobachten. Wer Barsche häufiger gleichzeitig oder abwechseln mit Lipless Crankbaits und geräuschlosen Minnows beangelt, wird feststellen, dass Lipless Crankbaits mal die absoluten Top-Fänger sind, mal aber auch total floppen. Manchmal ist es einfach eine Frage der Aggressivität und Beißlaune, wie die vibrierenden und rasselnden Köder angenommen werden. Bei viel beangelten Barschen kann man sich allerdings darauf verlassen, dass sie bei diesen auffälligen Kö-

Wenn zwei Barsche sich um einen Lipless Crankbait streiten, freut sich der dritte – also der Angler.

Ein aggressiver Hecht kann keinen lärmenden Lipless Crankbait an sich vorüberziehen lassen.

dern den Braten schneller riechen und ihn bald bestenfalls noch verfolgen, aber nicht nehmen. Aber nicht nur für Barsche gilt, dass Lipless Crankbaits nichts für sehr erfahrene Fische sind. Dafür sind sie zu unnatürlich und zu leicht durchschaubar.

Viel Lärm

Lärmerzeugung gehört bei den meisten Lipless Crankbaits zu ihren wesentlichen Merkmalen. Metallkugeln in ihrem hohlen Körper oder eigens eingebaute Klang-körper erhöhen die akustische Wirkung dieser Wobbler. Da ihre Körperform zu heftigen Vibrationen neigt, garantieren sie geradezu dafür, dass die Kugeln in ihrem Inneren kräftig durchgeschüttelt werden. Die sehr lauten Modelle hört man beim Einholen oft schon lange, be-vor sich der Köder unter der Rutenspitze befindet.

Von Barsch bis Zander

Von den Zielfischen für Lipless Crankbaits haben wir den Barsch gerade schon behan-delt. Für ihn sind die kleineren Ausführungen dieses Köders gedacht. Die kleineren Model-le eignen sich außerdem für den Einsatz auf Rapfen und Salmoniden. Auch für sie gilt al-lerdings, dass sie in Raublaune sein müssen, um auf das aggressive Angebot einzugehen, ansonsten gibt dieser Köder zu viele Signale, die ihn als plumpe Beutefälschung auffällig machen.

Mit den großen Ausführungen werden die Lipless Crankbaits zu ausgesprochenen Hechtködern. Nicht nur von ihrer Größe her sprechen sie den Hecht an, sondern auch mit ihren provozierenden Bewegungen und Ge-räuschen sind sie genau das, worauf dieser Räuber reagiert. Dabei funktionieren diese Köder keineswegs nur als Weckköder für träge Fische, sondern genauso gut auf sehr aktive, aggressive Räuber.

Auch wenn der Lipless Crankbait kaum ge-zielt zum Zanderangeln eingesetzt wird, verfehlt er seine Wirkung auf diesen Räuber nicht. Zander reagieren sogar sehr gut auf die auffälligen Bewegungen dieses Wobb-lers. Die Schwierigkeit beim Einsatz auf Zan-der besteht darin, das geeignete Gewässer zu finden, in dem man diesen Köder gut in der Tiefe anbieten kann. Der Lipless Crank-bait sollte nämlich kontinuierlich dicht über Grund laufen und dabei auch ab und zu mit der Nase in den Boden stoßen. Damit wirkt er mit Sicherheit nicht schlechter als ein Gummifisch auf den Zander. Wo solch eine Köderführung möglich ist, sollte man unbe-dingt von ihr Gebrauch machen.

TWITCHBAITS – MIT ZARTEN ZUPFERN

Crankbaits werden eingekurbelt, Jerkbaits werden geschlagen, Twitchbaits liegen vom Bewegungsablauf dazwischen. Sie werden mit sanften Zupfern ruckartig bewegt, aber auch streckenweise eingekurbelt.

Einen Wobbler zu twitchen, gehört zum Fängigsten, was man überhaupt mit ihm anstellen kann. Wer die erfolgreiche Technik ausüben will und nach den geeigneten Ködermodellen dafür sucht, stößt allerdings oft auf ein allgemeines Sprachproblem mit modernen Wobblern. Die Bezeichnung für die Technik und die für die Wobbler decken sich nicht so richtig. Es gibt eine Menge guter Wobbler zum Twitchen, aber nur sehr selten werden sie auch Twitchbaits genannt. Was

ist also ein Twitchbait? Diese Frage kann man auf zweierlei Weise beantworten, einmal in Hinsicht auf die Form und einmal mit Blick auf die Technik.

Sollte man einen Twitchbait der Form nach bestimmen, dann handelt es sich bei einem typischen Modell um einen schlanken, einteiligen Wobbler mit einer recht kurzen, verhältnismäßig steil nach unten weisenden Tauchschaufel. Solch eine Form der Tauchschaufel deutet an, dass dieser Wobblertyp nicht gerade für die tiefen Wasserregionen bestimmt ist. Tatsächlich werden Twitchbaits in aller Regel recht hoch angeboten.

Sollte man die Frage über die Technik beantworten, dann wäre ein Twitchbait ein Wobbler, den man zupft. Man zupft ihn mittels sanfter Rutenbewegungen durchs Wasser. Das erinnert ein bisschen an den Umgang mit Jerkbaits. Das Prinzip ist auch

So sieht ein klassischer Twitchbait aus: lang, schlank und mit einer kurzen, recht steil nach unten weisenden Tauchschäufel.

ganz ähnlich, allerdings werden Jerkbaits grundsätzlich etwas kräftiger durchs Wasser geschlagen als Twitchbaits, die mit mehr Gefühl präsentiert werden.

Twitchen ist, wenn man so will, die sanfte Variante des Jerkens. Die Art der Köderführung ist gemäßigt und auch die Köder selbst sind gemäßigt, das heißt, sie haben nicht so auffällige und zum Teil ausufernde Formen wie einige Jerkbaits. Twitchbaits sehen „normal" aus, oft bilden sie recht realistische Nachbildungen kleiner Weißfische. Das trifft auch auf die Gruppe der Minnows zu, die im folgenden Kapitel behandelt werden. Und tatsächlich gibt es eine große Schnittmenge zwischen Twitchbaits und Minnows. Die einen werden nach der Technik, die anderen

nach der Form benannt, aber oft sind sie sowohl das eine wie das andere.

Twitchbaits heißen selten so

Da nur sehr wenige Wobbler von vornherein als Twitchbaits definiert werden – in den meisten Angelläden wird man keinen einzigen ausgewiesen finden – muss man einen Twitchbait selber erkennen. Oder man macht einen Wobbler einfach zum Twitchbait. Die wichtigsten Eigenschaften haben wir schon genannt: schlanker Körper und eine kurze, steile Tauchschaufel. Das sind die Voraussetzungen dafür, dass sich der Wobbler beim Twitchen richtig verhält. Damit ist gemeint, er soll, wenn er gezupft wird, nicht nur ein Stück nach vorne schnellen, sondern

Den Wobbler twitcht man am besten mit nach unten gerichteter Rutenspitze. Dabei wird die Rute gefühlvoll nach hinten oder zur Seite gezupft.

dabei auch ein bisschen wackeln und zur Seite ausbrechen. Er soll also durch diesen Zupfer auffallen. Indem er mit der Flanke wackelt und diese aufblitzen lässt, sendet er nämlich ein Signal an die Augen und an die Seitenlinie der Raubfische.

Wie gut sich ein Wobbler zupfen lässt, wie intensiv also das Signal ist, dass er bei einem Zupfer durchs Wasser schickt, kann man ihm nicht unbedingt ansehen. Das bedeutet, man muss ihn ausprobieren und beobachten, wie er sich beim Zupfen verhält. Wenn er dabei nur ein Stück nach vorne schwimmt,

Twitchbait ohne Twitchbaitmerkmal

Der legendäre Zalt-Wobbler ist ein treffliches Beispiel dafür, dass ein Wobbler nicht zwingend aussehen muss wie ein Wobbler für eine bestimmte Technik. Ebenso zeigt er beispielhaft, dass man mit einem Wobbler verschiedene Dinge oder ganz einfach das machen kann, was einem gefällt. Unter anderem sollte man mit ihm aber dringend einmal twitchen, denn dabei entwickelt er eine ungeahnte Fangkraft, auch wenn er kein Merkmal eines klassischen Twitchbaits aufweist.

sich sonst aber nicht weiter bewegt, kann er zwar auch fangen, aber ein richtig guter Twitchbait ist er meistens nicht. Dazu wird er erst, wenn er sich beim Zupfen schüttelt, wenn er wackelt und ein bisschen zur Seite gleitet. Das Zupfen soll beim Köder eine kleine Bewegungsattacke auslösen, mit der er im Wasser für eine Sekunde stark auf sich aufmerksam macht, um danach unbewegt auszuruhen.

Zupfer müssen ankommen

Twitchbaits werden mit leichten Zupfern der Rute durchs Wasser geführt, so einfach könnte man die Technik für diese Ködergruppe beschreiben. Allerdings wäre das wiederum zu einfach, denn hinter Twitchen steht mehr, und mit Twitchbaits ist mehr möglich. Was heißt zupfen? Unter einem kräftigen Schlag mit einer Jerkrute kann man sich etwas vorstellen, aber ein Zupfer mit einer Spinnrute? Der Effekt des Zupfens soll sein, dass der Twitchbait einen kleinen Ruck durchs Wasser macht. Zupft man ein bisschen mit einer weichen Spinnrute, macht der Wobbler so gut wie gar nichts. Die Rute muss schon recht steif sein und die Schnur geflochten, damit ein anständiger Zupfer zu einer richtigen Bewegung des Köders führt.

Die einfachste und durchaus wirkungsvolle Methode des Twitchens besteht darin, den Köder mit einem gleichbleibenden Rhythmus zu zupfen – ein Zupfer, zwei oder drei Sekunden warten und wieder zupfen. Tatsächlich muss man gar nicht mehr machen, aber der Köder wird mit ein paar Varianten noch gefährlicher. Sie bestehen einfach darin, die Pausen zwischen den Bewegungen um

Raubfisch-Profi Uli Beyer setzt beim Zalt-Wobbler gerne und mit Erfolg auf die Twitch-Technik.

Durch unterschiedlich ausgeführte Zupfer mit der Rute verleiht man dem Twitchbait einen unregelmäßigen Bewegungsablauf, der selbst erfahrenen Räubern nicht verdächtig erscheint.

eine oder mehrere Sekunden zu verlängern. Oft zeigt sich dann, dass die Räuber einen ganz bestimmten Rhythmus wollen und eine bestimmte Pausenlänge, um zu reagieren. Vielleicht wollen die Räuber auch nur, dass der Wobbler in der Pause in eine bestimmte Tiefe absinkt oder aufsteigt. Darauf kann man sich dann mit den weiteren Twitchzügen einstellen.

Bisse in den Pausen

Wer einmal die Gelegenheit hat, in sehr klarem Wasser Barsche oder Forellen bei ihren Reaktionen auf einen Wobbler zu beobachten, wird feststellen, dass sie selten auf eine monotone Geradeausbewegung reagieren. Stoppt der Köder ab und bleibt auf der Stelle stehen, dann werden sie nervös, und dann packt oft einer von ihnen zu. Die vielen Bisse, die man bei der Präsentation des Wobblers in den Pausen und unmittelbar danach erlebt, bilden einen ausreichenden Beleg für den Erfolg des Twitchens. Hätte man den Köder gleichmäßig, also ohne Pausen, durchs Wasser gekurbelt, hätte man diese Bisse nämlich nicht bekommen, oder zumindest nicht alle.

Beim Twitchen macht man sich zunutze, dass Kunstköder immer wieder von neugierigen Raubfischen verfolgt werden, denen aber der Schlüsselreiz zum Zufassen fehlt. Solange der Köder nur gleichmäßig geradeaus läuft, verfolgen und beobachten sie nur. An der Sache scheint ihnen aber etwas faul zu sein, weil der Verfolgte keine Anstalten macht zu entkommen oder sich unauffällig zu machen. Mit einem getwichen Köder ist das anders, mit Bewegung, Stillstand, Auf-

Die Räuber schnappen bevorzugt dann zu, wenn man zwischen den Zupfern gerade eine kurze Pause einlegt.

Suspender sind ausgezeichnete Twitchbaits, weil sie nach der Zupfbewegung auf der Stelle stehen bleiben.

tauchen oder Absinken hat er ein größeres Handlungsrepertoire. Und damit besitzt er auch mehr Möglichkeiten, den Raubfisch zu überzeugen und zum Biss zu verleiten.

Für den Effekt des Twitchens ist es entscheidend, welches Schwimmverhalten der

Wobbler hat. Denn das zeigt er schließlich in den kurzen Pausen zwischen den zupfenden Bewegungen. Schwimmende Wobbler steigen zwischendurch auf, sinkende, sinken ab. Was ist besser? Im Grunde kann beides seine Wirkung erzielen, aber das Beste wäre, wenn der Wobbler in der Bewegungspause einfach auf der Stelle, also direkt vor der Nase des Räubers stehen bleiben würde. Genau das leisten Suspender, Wobbler, die im Wasser schweben, wenn sie nicht bewegt werden. Wer Räuber mit getwitchten Wobblern reizen will, der sollte sich dafür unbedingt ein paar Suspender zulegen, die sind nämlich wie geschaffen für diese Aufgabe.

Japan-Wobbler

Seit einigen Jahren gilt das Wort Japan-Wobbler als Synonym für einen hochwertigen, perfektionierten Hardbait. Japan-Wobbler sind keine speziellen Wobblertypen, es können sich alle möglichen Varianten von Hardbaits dahinter verbergen. Bezeichnet wird damit ein Produkt, das im besten Fall aus einer japanischen Edel-Wobblerschmiede stammt. Nicht immer ist das tatsächlich der Fall, wenn von einem Japan-Wobbler die Rede ist. Die echten hochwertigen Wobbler aus Japan sind allerdings eine Klasse für sich. Das zeigen sie unter anderem, wenn sie wie Twitchbaits behandelt werden und dabei den richtigen Mittelweg zwischen Stabilität und Beweglichkeit im Wasser zeigen, auch wenn schwierige Bedingungen herrschen.

Technik für Kurzstrecken

Im direkten Vergleich zum Cranken hat sich schon oftmals das Twitchen als die deutlich fängigere Technik erwiesen. Trotzdem sollte man natürlich nicht immer und überall twitchen, sondern nur dann, wenn es die besten Chancen eröffnet. Bedenken wir erst einmal, was die Möglichkeiten des Twitchens beeinträchtigt. Twitchbaits sind oft nicht die besten Flieger, und Twitchen ist eine langsame Technik. Das bedeutet, sie eignet sich nicht, um Strecke zu machen und einen Bereich zügig abzusuchen. Ebenso wenig eignet sich die Methode fürs Beangeln tieferer Gewässerregionen. Im Umkehrschluss heißt das, getwitcht wird in flachen Bereichen auf vergleichsweise kurzen Strecken und zwar dort, wo man nicht lange suchen muss, sondern mit hoher Wahrscheinlichkeit auf Fische stößt. Das dürfen dann auch gerne Fische sein, die sich nicht mit der einfachsten monotonen Führungstechnik überlisten lassen. Denn das Twitchen gehört zu den raffinierteren Techniken, mit denen man selbst erfahrenere und unschlüssige Fische aus der Reserve locken kann.

Ein klassisches Einsatzgebiet für Twitchbaits sind Hotspots wie Seerosenfelder, Schilfkanten, abfallende Uferkanten, also Randbereiche in Gewässern an denen Raubfische lauern. Meistens sind es Hechte, die an solchen Stellen auf der Lauer liegen, und sie sind auch einer der wichtigsten Zielfische beim Einsatz von Twitchbaits. Auf kaum einen anderen Raubfisch wirkt das Zupfen und Stehenlassen des Köders so stark wie auf den Hecht. Wo man es mit Hechten zu tun hat, die nicht mehr reihenweise auf die Standardköderführung hereinfallen, da ist Twitchen eine der besten Optionen.

Aber auch auf andere Fischarten wirkt die Technik unwiderstehlich. Barsche, die einen Wobbler immer recht schnell durchschauen, fallen stets noch ein paar Mal mehr auf diesen Köder herein, wenn er nicht gleichmäßig eingekurbelt, sondern gezupft wird. Das Abstoppen und Beschleunigen des Köders macht sie einfach so neugierig und zugleich ungeduldig, dass sie sich nicht zurückhalten können, wenn der Wobbler einen solch unregelmäßigen Lauf vollführt.

Etwas anders verhält es sich dagegen mit Rapfen. Auch sie fallen in einem schwachen Moment auf einen getwitchten Köder herein. Aber sie mögen meistens lieber den schnellen Köder. Deshalb braucht man sich für sie kaum die Mühe zu machen, den Wobbler in einem bestimmten Rhythmus zu führen. Bei Salmoniden wie Forellen und Saiblingen lohnt es sich wiederum, den Köder zu twitchen. Eine aggressive Forelle erfordert vielleicht nicht unbedingt eine raffinierte Führungstechnik. Wenn es darum geht, eine vorsichtige, erfahrene Forelle zu überlisten, kann es jedoch sehr hilfreich sein, den Wobbler mehr als nur einen geradlinigen Lauf vollführen zu lassen.

Die zupfenden-zuckenden Bewegungen des Köders lassen keinen Raubfisch kalt. Hier konnte sich eine Bachforelle nicht zurückhalten.

Twitchbait machen

Wer keinen richtigen Verwendungszweck für tief tauchende Wobbler mit einer allzu großen Tauchschaufel hat, kann aus ihnen mit einfachsten Mitteln effektive Twitchbaits machen. Alles, was man braucht, ist ein scharfer Seitenschneider und zur Verfeinerung des Resultates noch eine Feile. Mit dem Seitenschneider kneift man so viel von der Tauchschaufel ab, bis nur noch die gewünschte Twitchbait-Tauchschaufel übrig bleibt. Damit sie ordentlich aussieht und ein gutes Laufverhalten ermöglicht, wird der Rand der Schaufel mit einer Feile sauber überarbeitet.

MINNOWS – DAS MODELL KLEINFISCH

Als Minnow bezeichnet man in Amerika einen kleinen Fisch. Er kann ganz unterschiedlichen Arten zugehören. Er kommt überall vor, ist überall Beute und dementsprechend auch eine Wobbler-Vorlage.

Anders als bei Crankbaits, Twitchbaits und Jerkbaits deutet der Name Minnow auf keine Spinntechnik hin, sondern bezeichnet Form und Format eines Wobblers. Mit Minnow sind in Amerika kleine schlanke Fischchen gemeint. Gerne wird das Wort Minnow mit Laube bzw. Ukelei übersetzt. Der Amerikaner benutzt das Wort aber eher als Sammelbezeichnung für eine ganze Reihe unterschiedlicher kleiner Fische aus dem Süß- wie aus dem Salzwasser. Gemeint sind aber immer kleine schlanke Fische, und dementsprechend muss man sich auch die Wobbler vom Typ Minnow vorstellen: klein und schlank.

Die klassischen schlanken Wobbler der Firma Rapala können allesamt als Minnows bezeichnet werden. Und wenn man bedenkt, dass die Bezeichnung im englischsprachigen Raum nichts Neues ist, wird sich niemand darüber wundern, dass Rapala selbst die

Minnows sind gute Nachbildungen schlanker Beutefische. Darauf fallen auch erfahrene Barsche herein.

Wobbler schon vor einem halben Jahrhundert Minnows genannt hat. Minnows haben eine Tauchschaufel, woraus zu schließen ist, dass sie beim Einholen eine eigene Bewegung entwickeln. Soll man sie also den Crankbaits zurechnen? Rein technisch könnte man das, formal jedoch nicht, da Minnows einen viel schlankeren Körper haben als die typischen Crankbaits. Selbst wenn ein Minnow beim gleichmäßigen Einholen eine gewisse Vibration entwickelt, erreicht er aber nicht die auffällige körperliche Präsenz eines dickleibigen Crankbaits.

Lang und schlank wie die Finger einer Hand, so sehen die typischen Minnows aus.

Einer für alles

Ein Minnow bildet einen kleinen schlanken Fisch nach, wie er von nahezu allen Raubfischen erbeutet wird. Seine Form spricht praktisch alle Fischfresser an. Und sein Name, der sich an keine bestimmte Angeltechnik anlehnt, deutet an, dass er auch gar nicht festgelegt ist, was seine Präsentation anbelangt.

Mit einem Minnow kann man tatsächlich nahezu alles machen, was die Techniken des Spinnfischens hergeben. Bevor man die Register der Führungstechniken zieht, schaut man sich aber den jeweiligen Minnow besser genau an, denn diesen Wobblertyp gibt es mit sehr unterschiedlichen Eigenschaften.

Minnows bekommt man für alle Tiefenbereiche von der Oberflächennähe bis zu den größten Tiefen, die Wobbler überhaupt erreichen können. Ein Blick auf die Tauchschaufel verrät einem bereits etwas über das Tauchverhalten. Minnows mit kurzer, steiler Schaufel laufen flach, solche mit großer, waagerechter Schaufel laufen tief.

Etwas anderes als das Tauchverhalten ist das Sinkverhalten, denn Minnows können unabhängig von Schaufelgröße und -form als Schwimmer oder Sinker ausjustiert sein. Erstere beginnen erst mit dem Schnurzug abzutauchen, letztere tauchen sofort ab, weil sie schwerer sind als Wasser. Schließlich gibt es noch die Suspender, Wobbler, die auf Zug abtauchen, bei Abstoppen aber in der erreichten Tiefe stehen bleiben, gewissermaßen schweben, weil sie dasselbe spezifische Gewicht haben wie Wasser. Je nachdem, wie und in welcher Tiefe man einen Minnow anbieten will, gilt es zwischen den verschiedenen Sink- und Taucheigenschafften zu wählen.

Minnows gibt es auch in unterschiedlichen Lautstärken von dezent-leise mit nervend-laut. Die Unterschiede bestehen zum einen in der Beweglichkeit und zum anderen in der Ausstattung mit Metallkugeln. Einige Minnows vibrieren bereits stark, wenn man sie nur gleichmäßig einkurbelt, andere schwimmen dabei nur schnurgeradeaus.

Mit Minnows hat man viele Möglichkeiten der Köderführung: A rhythmisches Auf- und Abtauchen, B gleichmäßiger Lauf in einer Tiefe, C nervöser Zickzacklauf im Mittelwasser, D tiefer Lauf über Grund mit gelegentlichen Bodenberührungen.

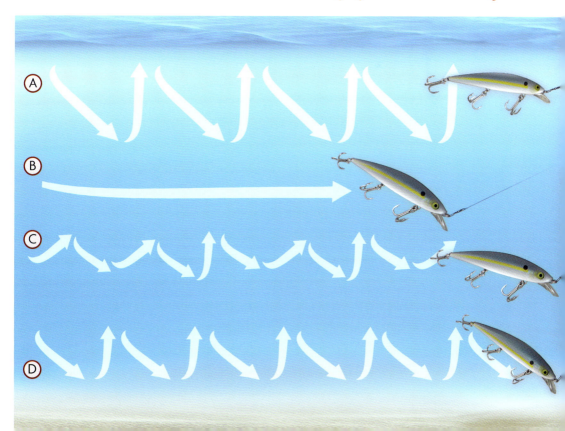

*Minnow in der Gestalt eines kleinen
Barsches, da kann der etwas größere
Barsch nicht widerstehen.*

Auch wenn Minnow von der Bedeutung des
Wortes her einen kleinen Fisch bezeichnet,
gibt es diesen Wobblertyp nicht nur in klein.
Die größten Wobbler-Modelle, die unter
anderem zum schweren Meeresangeln eingesetzt werden, gehören ihrer Form nach
ebenfalls zu diesen Wobblern. Dabei sind sie
selbst teilweise größer als einige Raubfische,
die mit kleinen Minnows gefangen werden.

*Als langsam geführte Köder nahe
der Oberfläche sind Minnows starke
Zanderköder in der Nacht.*

Alles, was man will

Da ein Minnow eine Universalform für alle
Techniken darstellt, könnten wir kurz sagen,
mit ihm kann man machen, was man will,
er fängt immer. Etwas konkreter wollen wir
aber doch werden, denn zwar ist alles möglich, aber nicht alles gleich gut.

Früher hat man mit Minnows nie etwas
anderes gemacht, als sie auszuwerfen und
gleichmäßig einzukurbeln – man hat sie also
gecrankt. Das ist heute natürlich immer noch
genauso gut möglich, allerdings sollte man
sich heute den Minnow dafür genau aussu-
chen. Wenn man mit einem Wobbler nichts
weiter vorhat, als ihn gleichmäßig einzukurbeln, dann sollte es ein Modell sein, das
selbst dafür sorgt, dass es einen gewissen
Effekt erzielt. Deshalb werden Crankbaits
so konstruiert, dass sie beim gleichmäßigen
Einholen wackeln und vibrieren. Und genau
diese Eigenschaft sollte auch ein Minnow
besitzen, wenn er nur gecrankt wird. Bewegt
er sich dabei nämlich zu unauffällig, besteht
die Gefahr, dass er von den Räubern über-
sehen wird.

Einen Minnow mit geringer Eigenbewegung setzt man am besten nur dann ein,
wenn er keine starke Beweglichkeit nötig
hat, um erkannt zu werden, wenn also das
Wasser so klar ist, dass sehr gute Sichtverhältnisse herrschen. Meistens ist eine ge-
ringe Beweglichkeit des Minnows jedoch
gar nicht erwünscht. Wenn er sich dann
schon nicht konstruktionsbedingt markant
bewegt, dann hilft man mit der Führungstechnik nach. Die Minnows werden dann
nämlich getwitcht oder gejerkt, also mehr
oder weniger intensiv ruckartig geführt. Mit

jedem Ruck der Rute machen sie eine heftige Bewegung, der eine kurze Pause folgt bis zum nächsten Ruck. Selbst Modelle, die beim Einholen schnurgerade laufen, lassen sich durch Zupfen und Rucken zu nervösen, zuckenden Beuteimitationen machen, deren Auffälligkeit ganz in den Händen des Anglers liegen. Zum Twitchen und Jerken eignen sich grundsätzlich alle Minnows, besonders wirkungsvoll sind diese Techniken aber bei den Suspendern. Werden sie von einem Raubfisch beobachtet oder verfolgt, bleiben sie, wenn sie abgestoppt werden, auf der Stelle stehen. Für den Räuber stellt das eine besondere Provokation dar, auf die er gerne mit entschlossenem Zupacken reagiert.

Viele moderne Techniken setzen auf eine unregelmäßige Köderbewegung, ganz einfach, weil Zupfen, Rucken und Zucken des Köders ihn interessanter machen für den Raubfisch. Deshalb empfiehlt es sich dringend, selbst beim konventionellen gleichmäßigen Einholen des Köders immer wieder eine Unregelmäßigkeit in Form eines Stopps und einer kurzen Beschleunigung einzulegen. Oft sind nämlich genau diese Momente einer Bewegungsänderung die Auslöser für den Biss.

Eine besondere Einsatzmöglichkeit für tief laufende Minnows sollte man nicht ganz außer Acht lassen. Sie wird zwar selten praktiziert, kann aber sehr effektiv sein, gemeint ist die Führung direkt über Grund mit regelmäßigem Grundkontakt. Diese Technik wurde auch schon für die Crankbaits erwähnt. Dabei lässt man den Wobbler, der eigentlich tiefer abtauchen möchte, immer wieder mit der Tauchschaufel auf den Grund stoßen und wieder leicht auftauchen. Jedes Mal,

Der Hecht hat im Kraut auf Beute gelauert.
Der Minnow passte genau ins Beuteschema.

wenn er auf den Grund stößt und dabei ein bisschen Staub aufwirbelt, wirkt er wie ein Fisch, der im Boden nach Nahrung sucht. Für einen Raubfisch kann das eine unwiderstehliche Wirkung haben.

Schließlich sei noch die Technik des Schleppens erwähnt, für die Minnows einen idealen Körperbau aufweisen. Sie sind stromlinienförmig und halten ohne Störungsanfälligkeit ihre Bahn. Damit eignen sie sich ausgezeichnet zum Schleppen mit unterschiedlichen Geschwindigkeiten und wechselnden Richtungsverläufen.

Irreführende Namen

Weil man mit Minnows so viele Möglichkeiten hat, und weil man Wobbler heute gerne nach Spinntechniken einteilt, tauchen Minnows unter den verschiedensten Namen auf. Teilweise erscheinen die Bezeichnungen widersprüchlich, auf jeden Fall sind sie aber verwirrend. Nahezu alle Twitchbaits sind letztlich auch Minnows. Zwar taucht die Bezeichnung Twitchbait für einen Wobbler so direkt kaum auf, aber wenn, dann kann man recht sicher sein, dass es sich um einen Minnow handelt. Wer sich auf den Homepages amerikanischer Gerätehändler umschaut, sollte sich nicht wundern, wenn er dort Minnows häufiger als Jerkbaits bezeichnet findet.

Wir verstehen unter einem Jerkbait gewöhnlich etwas anderes, aber im angloamerikanischen Sprachgebrauch gehören Minnows, die man schließlich auch jerken kann, folgerichtig oft zu den Jerkbaits. Ebenso wenig sollte man sich wundern, wenn uns schlanke Minnows als Stickbaits angeboten werden. Für unsere Begriffe besitzt ein Stickbait keine Tauchschaufel. Diese Definition teilen aber keineswegs alle Angelnationen. Schließlich haben wir bereits darauf hingewiesen, dass Minnows ganz einfach und unkompliziert wie Crankbaits geführt werden können. Und selbstverständlich tauchen sie auch immer wieder unter dieser Bezeichnung auf. Und noch etwas zur Verwirrung um den Begriff

Minnow mit beweglichem Gewicht
Lange schlanke Wobbler haben normalerweise nicht die besten Flugeigenschaften. Sobald sie beim Fliegen in Schieflage geraten, fangen sie an zu flattern und gehen bald in den Sinkflug über. Durch geschickte Konstruktionen im Inneren des Wobblers hat man es bei den modernen Modellen aber geschafft, Gewichte einzubringen, die sich im Flug nach vorne verlagern und den Wobbler auf seiner Flugbahn stabilisieren. Wenn er ins Wasser eintaucht, verändern die Gewichte ihre Position und verleihen dem Wobbler nun auch im Wasser die richtige Haltung.

Minnow: Es sind damit nicht immer nur Hardbaits gemeint, denn mit Minnow werden genauso auch kleine, schlanke Gummifische bezeichnet. Und selbstverständlich heißen in Amerika auch die echten kleinen Köderfische Minnow. Wenn vom Minnow die Rede ist, sollte man also am besten sehen, um wen es geht, denn es kann so ziemlich alles sein, was Kleinfisch ist und Kleinfisch imitiert.

Immer einsetzbar

Der Minnow ist unter den Wobblern so etwas wie der Wurm unter den Naturködern:

Name mit Tradition

Kein Mensch hat vor 50 Jahren zu seinen Wobbler Minnow gesagt, jedenfalls nicht bei uns. Dabei stand diese Bezeichnung doch damals schon auf den Verpackungen der Rapala-Wobbler. Aber diese englisch-amerikanische Benennung hat man hier nicht zur Kenntnis genommen und schon gar nicht übernommen. Erst heute kommt man an diesem Begriff nicht mehr vorbei. Dabei erscheint er einem sehr neumodisch, obwohl er schon auf den guten alten Pappschachteln stand.

Alle nehmen ihn, er ist für nahezu alle unwiderstehlich, und er kann seine Wirkung jederzeit entfalten. Also, einen Minnow kann man praktisch immer einsetzen. Jeder Raubfisch beißt bei dem Angebot zu. Minnows passen zu jeder Tages- und Jahreszeit und zu allen Gewässertypen. Mit diesen Wobblern kann man sich sehr gut an die natürliche Beute anpassen. Kommt das ausgewählte Modell den aktuellen Beutefischen nahe, dürfte es nur noch eine Frage der Zeit sein bis zum Biss. Um diese Zeit etwas zu verkürzen, stehen einem die verschiedenen Führungstechniken zur Verfügung, um den Lauf des Minnows zu

variieren. Schnell oder langsam, gleichmäßig oder rhythmisch, oft ist eine Technik den anderen überlegen, manchmal muss man ein bisschen experimentieren, bis man den verführerischen Laufstil gefunden hat. Aber damit zeigt sich jedes Mal wieder: Minnows gehen immer.

Auf die schlanke Fischimitation fällt selbst eine Flunder herein.

JERKBAITS – KÖDER ZUM SCHLAGEN

Jerkbait, das klingt nicht mehr ganz so fremd. Immerhin gibt es diese Köder doch schon zwei Jahrzehnte bei uns. Viele Raubfischangler haben in der Zeit die Vorteile diese Köder mit schlagartiger Führung erkannt.

Jerkbaits sorgten bei uns für die erste große Hardbait-Revolution, zum ersten Mal gab es da Kunstköder aus hartem Material, die man nicht Wobbler nannte – und es war und ist immer noch nicht ganz klar: Soll man sie zu den Wobblern rechnen oder sind sie etwas ganz Eigenes. Wenn wir sie Hardbaits nennen, liegen wir jedenfalls richtig. Es ist nun schon über zwanzig Jahre her, dass sich die Jerkbaits ihren Platz zwischen unseren Kunstködern

erobert haben. Damit sind sie in Menschenleben gerechnet volljährig, in Amerika sind sie allerdings schon so alt, dass sie in den Ruhestand gehen könnten. Davon müssen wir sie aber unbedingt abhalten, denn sie sollen nicht ruhen, sondern unruhig durchs Wasser zucken, damit sie tun, wofür sie entwickelt wurden: Raubfische verführen.

Warum hat es aber nur so lange gedauert, bis diese Köder, die in Amerika schon viele Jahrzehnte erfolgreich eingesetzt wurden, endlich auch bei uns Akzeptanz fanden? Zum einen liegt das wohl daran, dass man Jerkbaits nicht so benutzen kann wie die bis dato bekannten Wobbler, und zum anderen benötigte man für die neuen Köder schließlich auch neue Geräte. Es war also mit der Anschaffung eines Jerkbaits nicht getan, man brauchte mindestens noch eine Jerkrute, am besten aber auch noch eine passende Multi-

Jerkbaits werden traditionell mit der Multirolle gefischt, weil sie eine starke Belastung für die Rolle darstellen.

rolle. Und das alles bekam man bis vor einiger Zeit ganz einfach in keinem Angelladen. Selbst wenn er die vollständige Jerk-Ausstattung besitzt, steht der traditionelle Wobbler-Angler noch vor einem Problem: Anders als die herkömmlichen Wobbler besitzen Jerkbaits keine Tauchschaufel. Und das bedeutet, sie entfalten keine eigenständige Reizbewegung, wenn man sie einkurbelt. Wer mit den Erwartungen, die man an einen Wobbler mit Tauchschaufel hat, einen Jerkbait einholt, wird überrascht bis enttäuscht sein. Sicherlich erging es auch vielen Anglern genauso. Und wenn dann der Jerkbait nicht macht, was man von ihm erwartet und obendrein keinen Fisch an den Haken zaubert, kommt er schnell wieder in die Köderkiste, wo er langsam verstaubt. Dieses Schicksal hat er nicht verdient, und man erspart es ihm, indem man ihn richtig behandelt und nur das

Typisch Jerkbait: die Öse vorne an der Schnauze und die Konstruktion ohne Tauchschaufel.

Jerkbaits werden durch die Schläge mit einer harten Rute in Bewegung gesetzt.

von ihm erwartet, was er leisten kann. Beim Jerkbait muss nämlich auch der Angler etwas leisten, was normale Wobbler nicht von ihm verlangen. Der Angler muss dem Jerkbait sein Bewegungsmuster geben.

Jerkbaits machen nichts von alleine. Das ist ihre Schwäche in den Augen der Angler, die es bei der Köderführung bequem haben wollen, und ihre Stärke für die Angler, die selber über die Köderführung bestimmen wollen. Denn mit einem Jerkbait muss man mehr machen, als ihn nur einzukurbeln. Holt man ihn nur gleichmäßig ein, dann zieht er

Nur wenn der Angler den Jerkbait attraktiv bewegt, landet er so zwischen den Zähnen des Räubers.

nur geradeaus durchs Wasser, langweilig und eintönig, so dass sich kein Raubfisch für ihn interessiert. Ein Jerkbait kann jedoch viel mehr. Was er leistet, muss aber zunächst der Angler leisten. Er bestimmt alles, was dieser Köder macht, wie schnell er läuft, wie tief er sich bewegt, ob er einen ruhigen oder unruhigen Lauf, einen regelmäßigen oder unregelmäßigen Gang hat. Das sind viele Zuständigkeiten, aber auch viele Möglichkeiten für den Angler.

Der Jerkbait wird im Normalfall ruckartig geführt. Daher hat er auch seinen Namen (engl. jerk = rucken). Um ihm die nötige Beweglichkeit zu verleihen, führt man ihn, indem man die Jerkrute mit der Spitze Richtung Wasser hält und dann mehr oder weniger har-

Die Hauptvertreter der Jerkbaits: der gedrungene, hochrückige Glider und der lange, schlanke Diver.

te Schläge vollführt, wobei die Rutenspitze zum Angler hin oder seitlich zu ihm geschlagen wird. Mit diesem Schlag bricht der Köder – je nach Modell – zur Seite oder nach unten aus. Nach der ruckartigen Rutenbewegung wird so viel Schnur aufgenommen, dass wieder eine straffe Verbindung zwischen Rute und Köder besteht. Der Köder selbst geht währenddessen in den Ruhezustand über und wird anschließend erneut schlagartig in Bewegung versetzt. Er bewegt sich dann zur anderen Seite oder erneut nach unten.

Je nachdem, wie intensiv die Rutenschläge ausgeführt werden, reagiert der Jerkbait mehr oder weniger intensiv. Die Bewegungsintensität bestimmt man außerdem durch den Rhythmus und die zeitlichen Abstände zwischen den Schlägen. Und auch die Tiefe, in der ein Jerkbait läuft, wird vom Angler bestimmt, indem er ihn in eine bestimmte Tiefe absinken lässt, bevor er mit der Führung beginnt, oder indem er ihn mit Rutenschlägen auf die gewünschte Tiefe bringt.

Einen Jerkbait richtig zu führen, in der richtigen Beweglichkeit, Intensität und Tiefe, erfordert viel Konzentration. Ist man nicht richtig bei der Sache, macht der Jerkbait schnell nicht mehr, was der Angler, sondern was er selbst will. Jerken ist damit eindeutig anstrengender als einfaches Spinnfischen. Aber durch die hohe Variabilität bei der Köderführung hat man mehr Möglichkeiten, einen Fisch zu verführen. Und wenn einem genau das gelungen ist, dann darf man sich über einen Fangerfolg freuen, der sehr viel mit der eigenen Aktivität zu tun hat.

GLIDER – IM ZICKZACKLAUF

Ihre gleitenden Bewegungen abwechselnd nach links und rechts sind kennzeichnend und namengebend für die Glider. Diese Zickzackläufer bilden die größte und erfolgreichste Familie der Jerkbaits.

Glider bilden die häufigste und beliebteste Form von Jerkbaits. Sie sehen nicht nur anders aus, sie bewegen sich auch anders als ihre Verwandten aus der Jerkbaitfamilie, die Diver, auf die wir im Anschluss eingehen. Glider heißt – man ahnt es schon – Gleiter. Gelegentlich wird auch diese deutsche Bezeichnung verwendet, geläufiger ist jedoch die angloamerikanische, deshalb bleiben wir hier bei Glider. Der Name sagt unmissver-

Der Hecht hat sich einen Glider dicht unter der Oberfläche geschnappt.

ständlich, welche Bewegungen von diesem Jerkbait zu erwarten sind. Er gleitet, aber nicht geradeaus, sondern abwechselnd nach links und rechts, wenn man so will in einem horizontalen Zickzacklauf. Es ist das Laufverhalten, das die Amerikaner gerne als Walking the dog bezeichnen, also den Hund spazieren führen. Da solch ein Gang mit dem Hund meistens nicht geradeaus, sondern eher im Zickzack verläuft, ist klar, was mit dieser Bezeichnung gemeint ist: Der Köder wird im Zickzacklauf mit abwechselnden Bewegungen nach links und rechts geführt.

Glider besitzen keine Tauchschaufel, woran man erkennen kann, dass sie keine ausgeprägte Eigenbewegung entfalten, sondern mit der Rute zu ihrem charakteristischen Lauf animiert werden müssen. Diese unmittelbare Führung über die Rutenbewegung ist schließlich auch das Charakteristische eines Jerkbaits und der Technik des Jerkens.

Körperbau

Glider gibt es in einem gewissen Formenspektrum, in dem einige Merkmale besonders charakteristisch sind. So haben Glider in aller Regel im Profil einen bauchigen, oft auch einen leicht hochrückigen Körper, sie sind niemals richtig schlank. Viele Glider sind seitlich abgeflacht und an nahezu allen Stellen gleich breit. Andere Modelle zeigen einen etwas mehr profilierten Körper mit einem ausmodellierten Kopf und Bauch. Im Prinzip sind die allermeisten Glider aber stark stilisierte Nachbildungen eines Fisches, bei der es an Detailtreue fehlt. Diese Köder setzen damit weniger auf eine gelungene optische Täuschung als vielmehr auf den Reiz ihrer Bewegung.

In welcher Wasserschicht sich diese Bewegung vollzieht, hängt zum einen vom Ködermodell und zum anderen vom Angler ab. Entgegen einer weit verbreiteten Meinung sind Jerkbaits nämlich keine reinen Oberflächenköder, sie sind nicht einmal unbedingt als schwimmende Modelle konstruiert. Beim Kauf eines Jerkbaits gilt es deshalb immer genau zu beachten, ob es sich um eine schwimmende oder sinkende Ausführung handelt. Es gibt nämlich identische Modelle in beiden Ausführungen. Wenn man die falsche erwischt, kann es schwierig werden, den Köder so wie gewünscht anzubieten.

Die Formen der Glider sind immer recht ähnlich, nur mal mehr und mal weniger bauchig und buckelig.

Selten, dass mal versucht wird, mit einem Glider ein echtes Beutevorbild wie einen Karpfen nachzuahmen.

Jeder gleitet anders

Glider werden, so wie es für Jerkbaits allgemein üblich ist, mit ruckartigen Bewegungen der Rute geführt. Klassisch wird dabei die Rute nach unten gehalten und der Schlag, der den Köder in Bewegung versetzt, ebenfalls nach unten ausgeführt. Die Wirkung, die dabei speziell bei einem Glider erzielt wird, besteht darin, dass er mit jedem Schlag abwechselnd zur einen und zur anderen Seite gleitet. So entsteht, von oben gesehen, sein charakteristischer Zickzacklauf. Dieses Verhalten ist allen Glidern gemein, dennoch gibt es feine Unterschiede zwischen den Modellen, die auch Unterschiede bei der Behandlung erfordern.

Es gibt schwere bzw. schwergängige Glider, die einen heftigen Rutenschlag erfordern, um zur Seite zu gleiten. Dann gibt es aber auch leichte, sensible Modelle, die sich bei einem zu heftigen Schlag eher überschlagen als einen gleitenden Lauf zu vollführen. Die Unterschiede zwischen den verschiedenen Glidern erkennt man zum einen am Gewicht, zum anderen aber auch an ihrer Breite –

Die Breite des Gliders entscheidet mit darüber, wie heftig man ihn schlagen muss, um ihn zu bewegen.

beides hängt allerdings auch miteinander zusammen. Ein Modell, das mit einer doppelten Breite gegen das Wasser drückt wie ein anderes, erfordert verständlicherweise einen intensiveren Ruck, damit es dieselbe Bewegungsintensität bekommt.

Wie genau man den einzelnen Glider behandeln muss, kann man nur direkt am Wasser herausfinden. Es bleibt einem also nicht erspart, sich mit jedem Modell erst ein bisschen vertraut zu machen, ehe man es souverän führen kann.

Sinker und Schwimmer

Wie bei den meisten Hardbaits gibt es auch bei den Glidern schwimmende und sinkende Ausführungen. Mehr als bei anderen Kö-

dertypen kann das dem Angler Probleme bereiten. Den Schwimmer bekommt man manches Mal nicht in die gewünschte Tiefe herunter, und der Sinker taucht einem zu schnell ab und hängt im schlimmsten Fall an Hindernissen unter Wasser fest. Wiederum ist ein bisschen Übung und gute Kenntnis des einzelnen Modells gefragt, damit man den Glider in der richtigen Tiefe anbieten kann. Mit den schwimmenden Modellen wird man dabei immer nur die oberflächennahen Wasserschichten beangeln können, denn die Schwimmer bekommt man nie sonderlich tief herunter gejerkt.

Wer mit sinkenden Glidern umzugehen versteht, deckt mit ihnen viel mehr Tiefenbereiche ab und kann mit ihnen zudem noch viel flexibler umgehen. Um den sinkenden Glider tief zu führen, kann man die Rute wie gewohnt nach unten halten und den Jerkbait mit Schlägen durchs Wasser treiben. Will man ihn gar nicht so tief führen oder muss man ihn ab und an über Hindernisse hinweg führen, empfiehlt es sich, die Rute mit angehobener Spitze zu halten. So kann man den Jerkbait nach oben dirigieren, indem man ruckartige Bewegungen der Rute nach oben ausführt. Einen sinkenden Glider kann man auf diese Weise viel geschmeidiger durch das Relief eines Gewässers führen als ein schwimmendes Modell. Etwas gewöhnungsbedürftig ist es dabei, dass man nicht sieht und oft auch nicht genau spürt, wie sich der tief laufende Glider bewegt. Deshalb ist es

Gleitende Jerkbaits bewegen sich, in welcher Wassertiefe auch immer, in einem Zickzacklauf von einer Seite zur anderen. Die Intensität der Bewegung bestimmt der Angler mit der Stärke der Rutenschläge.

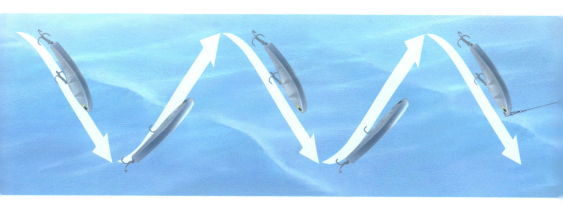

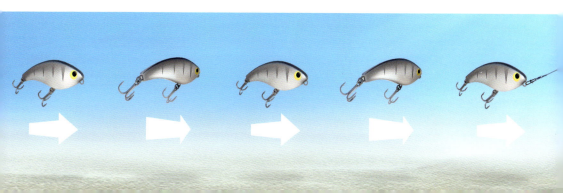

sehr wichtig, so gut wie möglich Kontakt zum Köder zu halten, damit man eine Vorstellung von seinem Lauf hat und sofort auf einen Biss reagieren kann.

Wenn man einen sinkenden Jerkbait hoch führen will, kann man die Rute auch entgegen der üblichen Haltung nach oben halten und die ruckenden Bewegungen nach hinten ausführen.

Steifes Vorfach

Das besondere Laufverhalten des Gliders mit seinen auslaufenden Gleitbewegungen führt dazu, dass der Köder in seiner Gleitphase das Vorfach überholen kann mit der Gefahr, sich darin zu verfangen. Tatsächlich gibt es solche Zwischenfälle, wenn man mit einem weichen, geschmeidigen Stahlvorfach angelt. Um das zu vermeiden, hat man den Jerkbait in der Frühphase des Jerkens be-

Spinnstange und Titan

Die Spinnstange ist ein Hilfsmittel aus den Kindertagen des Jerkens. Die soll verhindern, dass ein Glider sich beim Gleiten im Vorfach verfängt. Bei einem weichen Stahldraht aus mehreren Strängen ist diese Gefahr durchaus gegeben. Man muss sie aber nicht mit einem so brachialen Mittel wie einer Metallstange verhindern. Ein steifes Titanvorfach erfüllt denselben Zweck. Dabei erweist es sich als sehr viel dezenter, geschmeidiger und langlebiger. Nach heftigem Biss und Drill ist die Stahlstange meistens verbogen und unbrauchbar. Titan macht dagegen mehr intensive Einsätze mit, ohne zu verbiegen.

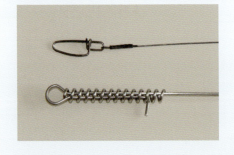

vorzugt an einer dicken, steifen Stahlstange angeboten. So grob und klobig die Stangen wirkten, waren sie den Fängen offenbar gar nicht abträglich. Aber wer weiß, wie viele Fische sich doch daran gestört haben. Auf jeden Fall störten sich immer mehr Angler an den Stangen und ersetzten sie zunehmend durch anderes Material. Ein Titanvorfach ist beispielsweise auch relativ steif, dabei aber viel dünner und unauffälliger als eine Stahlstange, und in dem Titan verfängt sich der Jerkbait ebenso wenig. Deshalb besitzt man damit eindeutig das bessere Vorfachmaterial.

Köder für Große

Glider sind in der Regel recht große und schwere Köder. Modelle, die von dieser Regel abweichen, also kleine, leichte Ausführungen, haben sich kaum durchgesetzt. Glider sind damit nahezu ausschließlich Köder für große Raubfische. In Amerika werden sie bevorzugt beim Angeln auf Musky eingesetzt. Aufgrund der Ködergröße, seiner Bewegungen und des tendenziell hohen Laufes ist bei uns der Hecht der einzige echte Zielfisch für diesen Köder.

Das Einsatzgebiet der Glider sind nahezu alle stehenden Gewässer. In Fließgewässern wird's schwierig, ihnen den charakteristischen Zickzacklauf zu verleihen. Prinzipiell lassen sich Glider zwar gut werfen, dennoch sind sie keine Köder für große Reichweiten, sie eignen sich eher als Mittelstreckenköder. Man kann mit ihnen gut umrissene Gewässerbereiche systematisch abfischen, aber keine langen Strecken. Sie sind die richtigen Köder für Hechte in flacheren Gewässern, in

Glider wirken oft klobig, aber auch kleinere Hechte schnappen bei dem Angebot gerne zu.

denen man gut die potenziellen Standorte der Räuber ausmachen kann. Dort setzt man sie ein, um eine verdächtige Stelle mit wenigen gezielten Würfen abzufischen.

DIVER –
RUCKARTIG AUF UND AB

Jerkbaits der Kategorie Diver bewegen sich nicht im Zickzack von links nach rechts, sondern von oben nach unten. Die nicht ganz einfache Köderführung ist – wenn sie gelingt – immer für einen Kapitalen gut.

An den Jerkbaits vom Typ Diver scheiden sich die Geister. Die einen schwören auf diese Hardbaits als unwiderstehliche Verführer von Großräubern, die anderen sprechen ihnen jegliche Fängigkeit ab. Diver sind ganz si-

Ein Stück Holz, rot-weiß angemalt, viel mehr ist dieser Diver nicht. Aber dem Hecht reicht's vollkommen für einen Angriff.

cher sehr gewöhnungsbedürftige Hardbaits, aber ebenso sicher haben sie auch schon unzählige starke Hechte an den Haken gebracht. Hechte, die – wer weiß – in dem Moment vielleicht auf keinen anderen Ködertyp reagiert hätten.

Aber warum sind diese Diver so umstritten? Einige Angler sehen in ihnen extrem schwierige Köder, andere behaupten, Diver seien vollkommen einfache Köder. Einfach sehen sie auf jeden Fall schon einmal aus, meistens jedenfalls. Einige Diver unterscheiden sich lediglich durch die Bemalung von einem länglichen Stück Holz. Andere zeigen gewisse Andeutungen eines fischartigen Körpers, aber es bleibt bei Andeutungen. Diver sind weit davon entfernt, optisch irgendeinem Beutefisch zu ähneln. Kennzeichnend für

sie ist der lange, schlanke Körper, mit dem sie sich schon äußerlich deutlich von der anderen Gruppe von Jerkbaits, den Glidern, unterscheiden.

Anders als Glider, die sich auf eine ruckartige Führung der Rute zur Seite bewegen, tauchen Diver (daher ihr Name) nach diesem Impuls durch die Rute nach unten ab. Einigen Modellen kann man sogar ansehen, dass sie für diese Bewegung bestimmt sind. Sie zeigen nämlich einen schräg abgeflachten Kopf, der ähnlich wie eine Tauchschaufel gegen das Wasser drückt und damit für das Abtauchen des Köders sorgt. Dass sie zum Tauchen bestimmt sind, erkennt man auch daran, dass die Öse sich meistens nicht wie bei den Glidern am vorderen Kopfende be-

Das abgeschrägte Kopfteil ist ein Merkmal vieler Diver. Der Wasserdruck auf diese Schräge sorgt fürs Abtauchen.

Jerkbaits vom Typ Diver werden mit der Rute herabgeschlagen, so dass sie abtauchen und in der anschließenden Bewegungspause wieder auftauchen. Das gilt für die schwimmenden Modelle. Sinkende Modelle werden mit den Rutenschlägen nach oben oder geradeaus bewegt.

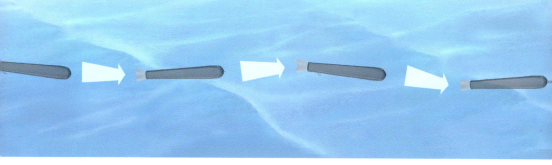

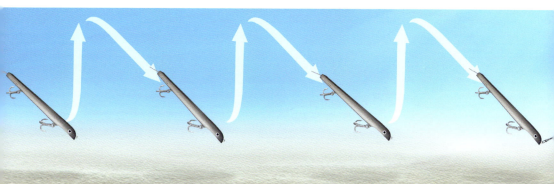

findet, sondern weiter oben. So sorgt auch
die Aufhängung des Köders dafür, dass sein
schräges Kopfteil dem Wasserdruck ausge-
setzt wird, was den Jerkbait nach unten zieht.
Entgegen der eigentlichen Intension der Diver gibt es auch sinkende Modelle, mit denen man tiefere Wasserregionen erreichen
kann. Die sinkenden Diver werden ebenfalls
ruckartigen präsentiert, aber nicht, um sie
herabzuschlagen, die Rutenschläge bewirken
bei ihnen eine Vorwärts- oder Aufwärtsbe-
wegung. Sinkende Modelle eröffnen damit
weitere Möglichkeiten, sie erfordern aber
auch eine intensive Auseinandersetzung mit
dem Köder und gut auf ihn abgestimmte
Geräte. Ansonsten wird man Schwierigkeiten damit haben, den Diver so zu dirigieren,
damit er genau das tut, was man will.

Besondere Formen
Bei aller Einfachheit der Diver gibt es ein
paar Besonderheiten und ungewöhnliche
Formen dieses Ködertyps. Offenbar fehlt
doch vielen das Vertrauen in die ganz und
gar einfache Form des Divers, so dass man
das Bedürfnis hat, ihm noch irgendein Extra zu verleihen, das ihn etwas attraktiver
macht. So ist der Suik, der wohl von allen
Divern am wenigsten nach einem Fisch aussieht, mit einem Metallplättchen am Hinterteil versehen, das seinen Tiefgang regu-
liert. Den Burt von Musky Mania gibt es mit
einem Gummischwanz, der ihm eine ganz
Jerkbait-untypische Bewegung verleiht. Aber
auch bei den Diver gibt es Versuche, dem
eigentlich fischuntypischen Köder etwas
mehr Realitätsnähe zu verleihen. Da die lange schlanke Form sich nicht für die Gestal-

*Diver sind meistens für den Hecht bestimmt,
da liegt es nahe, ihn als kleinen Rivalen zu
gestalten.*

*Falls das Stück Holz alleine nicht wirkt, gibt
es die Variante mit einem twisterartigen
Gummischwanz.*

*Beim Smiler hilft das breite Grinsemaul, durch
seinen Wasserwiderstand in die Tiefe zu
gelangen.*

tung vieler Fischarten eignet, liegt es nahe, sie zur Nachbildung eines kleinen Hechtes zu nutzen. Damit hat sie immerhin auch die Gestalt einer beliebten Beute großer Hechte.

Die Einfachheit dieser Köder, ihr einfaches Aussehen und ihre ebenso einfache Beweglichkeit, macht sie für viele Angler so schwierig. Denn sie können darin nicht erkennen, was sie für einen Raubfisch so überzeugend machen soll.

Diver werden wie andere Jerkbaits auch durch Schläge mit der Rute in Bewegung versetzt. Ihre Reaktion auf den Rutenschlag besteht darin, dass sie abtauchen. Je kräftiger der Ruck, desto ausgeprägter der daraus resultierende Tauchgang. Wobei einmal mehr bemerkt werden muss, dass unterschiedliche Modelle unterschiedlich reagieren. Das eine geht bereitwillig tauchen, das andere muss sehr viel vehementer dazu gebracht werden. Wie hart man schlagen muss, um eine bestimmte Wirkung zu erzielen, muss man also mit jedem Diver-Modell individuell in Erfahrung bringen.

Wer genau weiß, wie sein Diver auf den Rutenschlag reagiert, kann den Jerkbait mit diesem Wissen auf einen mehr oder weniger regelmäßigen Weg durchs Wasser schicken. Regelmäßig hieße, dass man in einem immer gleichen Rhythmus Rutenschläge ausführt und zwischen ihnen Pausen einlegt. Das führt zu einem schönen Auf und Ab, einem vertikalen Zickzacklauf. Das ist eine, und zwar eine sehr häufig praktizierte Methode, einen Diver anzubieten.

Es ist jedoch nicht die einzige. Und jeder, der sich ernsthaft mit diesen Jerkbaits be-

Tauchschaufel mal hinten

Jerkbaits haben – nach unserer Definition – keine Tauchschaufel, also keine Vorrichtung, die sie in eine bestimmte Wassertiefe bringt. Eine Ausnahme bildet der Suik mit seinem Metallplättchen am hinteren Ende. Das ist gewissermaßen seine Tauchschaufel, auch wenn sie sich hinten befindet. Und sie ist sogar variabel für verschiedene Tiefen. Je stärker man sie nach unten biegt, desto mehr Widerstand bietet sie dem Wasser und desto tiefer taucht der Suik ab.

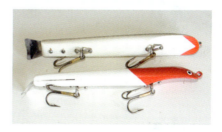

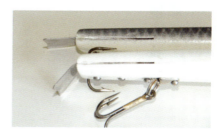

fasst, sollte mehr als diese eine monotone Gangart einüben. Durch mehrere Schläge kurz nacheinander lässt sich der Diver tiefer herunterbringen als durch einen einzelnen Schlag. Lässt man ihn danach nicht wieder ganz auftauchen, kann man ihn tiefer weiterführen. Ebenso ist es möglich, die Lauftiefe zu variieren, indem man den Diver mal

Der Manta ist ein sinkender Diver, ihn bewegt man mit den Rutenschlägen nach oben und nicht nach unten.

tiefer und mal weniger tief herunterschlägt. Eine Möglichkeit, die man unbedingt in Gewässern mit unregelmäßiger Tiefe und mit Hindernissen nutzen sollte.

Diver lassen sich aber nicht nur monoton auf- und abbewegen, man kann ihnen auch noch zusätzliche Bewegungsnoten verleihen. Dazu wartet man, nachdem man den Diver heruntergeschlagen hat, nicht, bis er wieder auftaucht, sondern unterbricht

Diver sind oft schwere Geschütze, für die eine harte Jerkrute mit 100 Gramm Wurfgewicht nicht übertrieben ist.

sein Auftauchen, indem man schnell etwas Schnur einkurbelt. Dadurch macht er zusätzlich zu den Auf- und Abbewegungen noch einen kleinen Satz vorwärts. Räubern, denen das monotone Hoch und Runter zu leicht durchschaubar ist, lässt sich mit solch einer Zwischenbewegung noch ein zusätzlicher und oft der überzeugendere Reiz bieten.

Auch wenn Diver für die Auf- und Abbewegung geschaffen sind, sollte sich der Angler nicht darauf beschränken. Es macht zwar mehr Mühe, in eigener Initiative noch zusätzliche Bewegungen einzubauen, aber sie zahlen sich meistens auch durch Fänge aus.

Lange Tradition

Während man sich bei uns immer noch schwer tut mit der Entscheidung, einen Diver ans Vorfach zu knüpfen, haben diese Jerkbaits in Amerika eine lange und erfolgreiche Tradition. So sorgt der legendäre Suik schon seit den 1930er Jahren immer wieder für Aufsehen erregende Musky- und Hechtfänge. Große Räuber sind das Ziel, wenn die meistens ebenfalls recht großen Diver eingesetzt werden. Auch bei uns ist der Einsatz von Divern nahezu gleichbedeutend mit der Jagd auf große Räuber.

Dabei wird man diese Jerkbaits nicht wahllos überall einsetzen, wo es große Raubfische gibt. Diver sind schließlich keine Köder für große Tiefen und auch keine für große Wurfweiten. Um diesen Jerkbait erfolgreich anbieten zu können, braucht man also nicht nur Fische von Format, sie müssen sich auch in dem entsprechenden Gewässer befinden, also in einem nicht zu tiefen Gewässer.

Diver bietet man meistens innerhalb des ersten Meters unter der Oberfläche an, selten führt man sie einmal tiefer. Selbst die sinkenden Modelle wird man niemals allzu tief führen, weil man mit der Tiefe an Kontrolle über diesen Köder verliert. Die Phase nach der Ruckbewegung, wenn der Diver nach vorne bzw. unten schießt, lässt sich umso schwerer kontrollieren, je tiefer er läuft. Das richtige Umfeld für einen Diver wäre also ein gutes Hechtgewässer, das nicht zu tief ist, am besten mit Tiefenbereichen von 1 bis 2 Meter und maximal 4 Meter. Wenn die Tiefen in diesem Bereich stark schwanken, macht das gar nichts, ganz im Gegenteil: Darin liegt schließlich eine Stärke des Divers, dass er sich flacher und tiefer führen lässt

und man sich mit ihm sehr gut den Relief- und Tiefenschwankungen eines Gewässers anpassen kann.

Diver, das sei abschließend noch einmal betont, sind ganz sicher Köder für Fortgeschrittene. Man muss sie zu führen verstehen, und man braucht das passende Gerät zu den Ködern. Diver hat man meistens nicht von heute auf morgen im Griff. Wenn man sich aber eingearbeitet hat in das Jerken mit Divern, dann gibt es garantiert auch die dazugehörigen Fänge für Fortgeschrittene.

Ein kapitaler Fang auf Diver in einem niederländischen Binnenhafen.

TOPWATER – HARDBAITS HOCH OBEN

Wer von Topwater-Ködern spricht, drückt sich nicht klar aus. Denn unter dieser Bezeichnung werden verschiedene Modelle zusammengefasst, denen allen eigen ist, dass sie (in aller Regel) auf der Wasseroberfläche laufen.

Topwater-Angeln, das Spinnfischen mit Kunstköder an der Wasseroberfläche, ist schwer angesagt unter ambitionierten, modernen Anglern, die ihr Hobby mehr als Abenteuer denn als Nahrungsbeschaffung verstehen. Gerade das Spinnen an der Oberfläche hat schließlich etwas sehr Abenteuerliches. Wer es betreibt, will in erster Linie etwas erleben, und zwar auch lieber einmal einen spektakulären Fehl-

biss als einen normalen Fang. Topwater-, also Oberflächenköder sind darauf ausgelegt, aufsehenerregende Attacken zu provozieren.

Weil der Fisch sich bei seinem Angriff zwischen den Elementen bewegt, aus dem Wasser kommt und an der Luft zupackt, kommt es nicht selten zu Fehlleistungen bei der Koordination. Der Fisch ist meistens nicht sehr geübt in dieser Art der Angriffsführung, und deshalb kommt es manches Mal zu Fehlberechnungen und der Angriff geht ins Leere. Hinzu kommen die Fehlleistungen des Anglers, der sich gerne so verhält wie beim normalen Spinnfischen, und auch das führt zu Fehlbissen, wenn der Angler seinen Anhieb nämlich wie gewohnt durchführt – was in diesem Fall zu früh bedeutet.

Beim Topwater-Angeln muss man sich damit arrangieren, dass so mancher Fisch un-

Topwater-Lures laufen an der Wasseroberfläche, sie können aber sehr unterschiedlich konstruiert sein und sehr verschiedenes Laufverhalten haben.

gefangen bleibt. Dafür wird man aber mit reichlich Action entschädigt. Diese Entschädigung verschaffen einem unterschiedliche Ködertypen. Es gibt also nicht den Topwater-Köder, sondern es gibt verschiedene mit unterschiedlichen Eigenschaften, die alle miteinander verbindet, dass sie an der Oberfläche laufen.

Ganz oben und darunter

Eine Ködergruppe, die wir bereits behandelt haben, wird gerne, aber nicht ganz zutreffend zu den Topwater-Ködern gerechnet, die Jerkbaits. Sie werden nämlich in aller Regel gar nicht direkt an der Oberfläche geführt, sondern dicht darunter oder im Wechsel zwischen Oberfläche und der oberen Wasserschicht. Genau genommen handelt es sich bei den allermeisten Jerkbaits also gar nicht um Oberflächenköder.

Einen klareren Fall stellen die Stickbaits dar, stabförmige Hardbaits, die in erster Linie für die Oberfläche geschaffen sind, auf der sie einen Zickzacklauf vollführen. Wenn von Stickbaits die Rede ist, sind in aller Regel

Topwater-Köder gemeint. Aber keine Regel ohne Ausnahme: Es gibt auch Stickbaits, die langsam absinken und unterhalb der Wasseroberfläche geführt werden.

Echte und reine Oberflächenköder sind dagegen die Popper, deren Prinzip schließlich nur funktioniert, wenn sie an der Oberfläche laufen. Sie sollen praktisch in das Oberflächenwasser hineinstoßen, um dabei Wasser aufzuwerfen und ploppende Geräusche zu entwickelt, und das geht schließlich nur, wenn sie an der Oberfläche laufen.

Auch die exotischen Crawler, mit denen hierzulande kaum jemand angelt, sind reine Oberflächenköder. Ihre Bewegungen sind wie die der Popper nur dann möglich und sinnvoll, wenn sie an der Oberfläche schwimmen.

Auf den folgenden Seiten schauen wir uns die verschiedenen Topwater-Köder einmal näher an.

Eine kleine Auswahl unterschiedlicher Oberflächenköder. Auf den folgenden Seiten werden sie näher behandelt.

STICKBAITS –
WIE EIN STOCK

Ein Köder, gerade, gleichmäßig dick und ohne besondere Ausformungen, das ist das einfachste, was man sich an Hardbaits vorstellen kann. Diese Einfachheit heißt Stickbait, und es lässt sich ihr nicht ansehen, wie gut sie fängt.

Der Sara Spook ist ein klassischer Stickbait. Form wie eine Zigarre und nicht allzu viel Ähnlichkeit mit irgendeinem Beutetier.

Stickbaits sind eigentlich einteilig, hier eine der seltenen Ausnahmen – wenn man dazu noch Stickbait sagen will, aber was sonst?

Kein anderer Wobblertyp hat eine so einfache Formgebung wie ein Stickbait. Das deutet sich bereits mit dem Namen an. Englisch stick heißt so viel wie Stock oder Stab und bezeichnet recht treffend die einfache, unkomplizierte Gestalt des Stickbaits. Gerne und oft sehr treffend wird seine Form auch mit der einer Zigarre verglichen. Die einfachsten Modelle der Stickbaits sind tatsächlich nichts anderes als gleichmäßig zylindrische Körper mit einem gerundeten Abschluss vorne und einem leicht spitz zulaufenden hinten. Andere Stickbaits sind mit der Andeutung eines Bauches und eines Schwanzteils ein klein wenig mehr dem Fisch als Vorbild nachempfunden. Aber es bleibt auch dann dabei, dass diese Wobblerform die einfachste von allen ist.

Wie ein Stick, ein Stock oder Stab, besteht ein Stickbait aus einem Teil – jedenfalls im Normalfall. In die Masse der Normalfälle haben sich aber vereinzelte Sonderfälle eingeschlichen, Stickbaits aus zwei oder drei Teilen oder mit einem beweglichen Hinterteil aus mehreren scheibenförmigen Segmenten. Man mag darüber streiten, ob man die Mehrteiler dann überhaupt noch zu den Stickbaits rechnen darf, da die Teilung dem Gedanken, der hinter diesem Köder steht, widerspricht. Da diese Mehrteiler ansonsten dem Stickbait nachempfunden sind und von den Herstellern auch so bezeichnet werden, zählen wir sie hier ebenfalls dazu.

Und noch ein Normalfall mit seltenen Ausnahmen: Stickbaits sind nämlich ursprünglich und immer noch fast ausschließlich als Oberflächenköder konstruiert. Doch es gibt auch vereinzelt langsam sinkende Modelle,

Ein Stickbait sollte im Idealfall einen schönen Zickzacklauf an der Oberfläche hinlegen.

Ist das ein Stickbait?

Aufgepasst, wenn Amerikaner von Stickbaits sprechen, das kann nämlich so einiges sein. Die Gemeinsamkeit von allem, was sich unter dieser Bezeichnung versammelt: Es ist schlank. Deshalb findet man in amerikanischen Katalogen, auf Onlineseiten und Shopangeboten auch ohne weiteres Wobbler vom Typ Minnow unter den Stickbaits. Das entspricht nicht so ganz der Definition dieses Hardbaits, aber es gibt eben auch keine festen Regeln dafür, was man wie nennen darf. Man muss dafür genau hinschauen, um zu erkennen, was mit welchem Namen gemeint ist.

die dicht unter der Oberfläche geführt werden oder – wenn man sie lang genug sinken lässt und langsam genug führt – im Mittelwasser.

Zickzacklauf

Eng verbunden mit den Stickbaits ist eine Führungstechnik, die in Amerika Walking the dog genannt wird. Wir haben diese Technik, die einen Zickzacklauf beschreibt, bereits im Zusammenhang mit den Glidern kennengelernt. Tatsächlich ist das Laufverhalten dieser Jerkbaits ganz ähnlich wie das der Stickbaits.

Allerdings werden Stickbaits sehr viel sanfter geführt als Jerkbaits.

Den richtigen Zickzacklauf erreicht man, indem man die Schnur zwischen Köder und nach unten weisender Rutenspitze strafft und mit der Rute eine zupfende Bewegung nach hinten macht. Der Stickbait gleitet darauf zur Seite, so dass er anschließend leicht schräg zum Angler auf der Oberfläche liegen bleibt. Nun wird etwas Schnur aufgenommen, bis sie wieder zwischen Köder und Rutenspitze gestrafft ist, und erneut ein Zupfer mit der Rute ausgeführt. Der Stickbait gleitet nun zur anderen Seite und bleibt erneut schräg zum Angler liegen, dieses Mal aber mit seiner anderen Flanke. So setzt man den Zickzacklauf des Oberflächenköders fort.

Wer ein bisschen mit dem Stickbait, der Rute und den Zupfern experimentiert, wird feststellen, dass der Lauf des Köder sehr unterschiedlich ausfallen kann zwischen sanft und gleichmäßig und wild und aggressiv. Wofür man sich entscheidet, sollte vor allem von der Laune der Fische abhängen. Sehr aggressiven Räubern kann man bedenkenlos eine rasante, forcierte Präsentation anbieten.

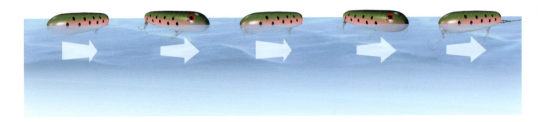

Walking the dog ist das klassische Bewegungsmuster der Stickbaits an der Wasseroberfläche. Den Zickzacklauf bestimmt man mit der Rutenbewegung, einige Stickbaits vollführen ihn von ganz alleine.

Wenn die Barsche im Sommer an der Oberfläche rauben, ist ein Stickbait der perfekte Köder.

Zögerliche, eher passive Räuber wird man eher zum Biss überreden können, wenn man ihnen den Stickbait langsam und bedächtig anbietet.

Die stärksten Rutenschläge bedeuten übrigens nicht zwangsläufig die stärkste Beschleunigung des Stickbaits. Je nach Konstruktion des Köders kann ein starker Schlag mit der Rute auch bedeuten, dass der Oberflächenköder nach unten ins Wasser und nicht nach vorne übers Wasser gezogen wird, und das bremst ihn auf der Stelle aus, statt ihn voran zu bringen. Das kann man sich aber durchaus zunutze machen, wenn man an einem Hotspot viel Lärm veranstalten will, um die Räuber wachzurütteln und mit Gewalt auf den Köder aufmerksam zu machen.

Bei der Frage nach dem richtigen Rhythmus für den Stickbait gilt es auch immer die geeignete Länge der Pausen zwischen den Rutenzupfern zu finden. Einen sauberen und geschmeidigen Lauf bekommt man dabei, wenn man den Stickbait nach seiner Seitwärtsbewegung ausgleiten lässt, bis er ruhig auf der Stelle steht. Erst dann sollte der nächste Rutenzupfer kommen. So erzeugt man eine schöne Walking the dog-Bewegung. Aber wie bereits angedeutet darf man sich auch über den klassischen Stil hinwegsetzen und den Stickbait schneller und aggressiver schlagen, dann läuft er eben nicht so schön im Zickzack, kann einen Fisch aber trotzdem verrückt machen. Andererseits darf man den Stickbait auch einmal länger an der Oberfläche liegen lassen, als nötig ist, damit er zur Ruhe kommt. Einen neugierigen Raubfisch kann gerade das lange unbewegte

Stickbaits namens Pencilbait

Im Zusammenhang mit Stickbaits hört und liest man häufiger den Begriff Pencilbaits, wörtlich übersetzt „Bleistiftköder". Gemeint ist demnach ein Wobbler in Gestalt eines Bleistifts oder zumindest ungefähr dieser Gestalt. Damit könnten die besonders dünnen, gleichmäßig geformten Stickbaits gemeint sein, tatsächlich gibt es aber keine klare Definition und keine deutliche Trennung zwischen Stickbaits und Pencilbaits. Der Übergang ist also fließend und manchmal bezeichnet beides dasselbe.

Herumdümpeln an der Oberfläche nervös machen und zum Zubeißen bringen.

Es gibt inzwischen auch sehr ausgeklügelte Stickbait-Modelle, die den Zickzacklauf nahezu automatisch vollführen. Man muss sie gar nicht in die eine oder andere Richtung zupfen, es reicht schon, sie gleichmäßig einzukurbeln. Sie sind so ausjustiert, dass sie sich dabei immer abwechselnd nach rechts und links bewegen. Wie bei so vielen modernen Wobblern ist es also auch bei den Stickbaits ratsam, sie erst einmal ein bisschen auszuprobieren, um sie kennenzulernen und sie dann in der gewünschten Weise führen zu können.

Bereitschaft zum Angriff

Als reine Oberflächenköder erfordern Stickbaits die Bereitschaft des Raubfisches, Beute an auf dem Wasser zu attackieren. Damit engt sich der Kreis der Zielfische weitgehen auf Hecht, Barsch und Rapfen ein. Ganz gleich, auf welche von den dreien man es abgesehen hat, sollte man sich sicher sein, dass sie am jeweiligen Ort und zur jeweiligen Zeit bereit sind, hoch oben zuzupacken. Wenn die Räuber nicht dazu zu bewegen sind, an der Oberfläche anzugreifen, hat das Ganze verständlicherweise keinen Sinn.

Für alle genannten Arten bedeutet es, dass man sich im Wesentlichen auf die wärmeren Monate konzentrieren sollte. Denn im Winterhalbjahr sind Bisse an der Oberfläche in allen Gewässern sehr viel unwahrscheinlicher, in vielen sogar ganz ausgeschlossen. Hechte lassen sich oft nur in flachen Gewässern oder Gewässerbereichen an die Oberfläche locken. Bei Barschen und Rapfen kann man häufiger Oberflächenattacken über tieferem Wasser erleben, Voraussetzung ist dann allerdings, dass sie dort ohnehin Kleinfische im Visier haben. Es gilt dann also, die Raubgebiete dieser Fische ausfindig zu machen. Wo Hecht & Co an der Oberfläche rauben, ist der Stickbait nicht selten die Nummer 1 unter den Topwater-Ködern. Das könnte damit

Wo Hechte im Flachwasser stehen, ist es immer einen Versuch wert, einen Stickbait einzusetzen.

Ein Vorteil der Stickbait besteht darin, dass man sie über versunkenes Geäst hinwegführen und dabei Barsche verführen kann.

zusammenhängen, dass er der leiseste und dezenteste Vertreter dieser Hardbaitgruppe ist. Und die Räuber fallen eben nicht immer auf grobe, laute Täuschungen herein. Manchmal muss es auch etwas Dezentes sein. Und dafür gibt es die Stickbaits. Sie sind, wenn man so will, die dezenteren Popper, sie verzichten auf lautes Platschen und verführen mit ihrer geschmeidigen Bewegung. Wenn es ans Topwater-Angeln geht, sollte diese Ködergruppe deshalb niemals fehlen. Mit Sticks hat man immer eine gute Chance auf die etwas weniger aggressiven Fische.

Zum Schluss noch ein Hinweis, den man bei allen Oberflächenködern geben sollte: Warten Sie beim Biss mit dem Anhieb, bis der Fisch auch in der Rute spürbar wird. Erst dann hat der Anhieb Chancen auf Erfolg. Solange man den Biss nur sieht, aber nicht spürt, ist es zu früh, und der Anhieb wird unweigerlich ins Leere gehen.

Stickbaits aus Gummi

Stickbait, dieser Name für gerade, stabförmige Köder bietet sich nicht nur für Hardbaits an, sondern auch für entsprechende Formen der Softbaits. Und in der Tat ist bei langen, zylindrischen Gummiködern auch die Rede von Stickbaits. Wenn also ohne klare Erläuterung und ohne bildliche Darstellung einfach von Sticks gesprochen wird, kann es sich sowohl um harte als auch weiche Köder handeln.

POPPER – KÖDER MIT KNALLEFFEKT

Mit ihrem spritzigen und knalligen Auftreten sind Popper die extravaganten Modelle unter den Hardbaits. Und auch die Bisse auf diese Köder haben ein gewisses Extra, das für unvergessliche Momente sorgt.

Für Freunde des Topwater-Angelns sind Popper die absoluten Knaller – und das nicht nur, weil sie für Aufsehen erregende Bisse sorgen, sondern auch, weil sie es buchstäblich knallen lassen. Das besagt schließlich schon ihr Name: engl. pop = knallen. Popper sind reine Oberflächenköder, die nur beim ruckartigen Anziehen für einen kurzen Moment ins Wasser eintauchen. Dabei werfen sie Wasser auf und erzeugen ein knallendes Geräusch. Das Knallen ist genauso charakteristisch für diese Köder wie die Form, durch die es

erzeugt wird. Popper besitzen nämlich ein konkaves, also ein nach innen einziehendes Vorderteil. Die Schnauze des Köders bildet damit eine Hohlform, und wenn diese mit Schwung gegen das Wasser prallt, dann knallt's.

Mit dem Knalleffekt verfügen Popper über ein auffälliges akustisches Mittel, um die Aufmerksamkeit der Raubfische auf sich zu ziehen. Während dezent bewegliche Oberflächenköder von Räubern, die sich nicht in unmittelbarer Nähe aufhalten, unentdeckt bleiben können, entgeht ihnen der lautstarke Lauf eines Poppers garantiert nicht.

Ähnliche Formen

Mit ihrer einziehenden Schnauze an Stelle einer Tauchschaufel sind Popper unschwer zu erkennen und von anderen Hardbaits zu unterscheiden. Die Ausführung des charak-

Man kann ihn förmlich hören. Beim Aufspritzen des Wassers macht der Popper sein charakteristisches Ploppgeräusch.

teristischen Vorderteils kann allerdings sehr unterschiedlich ausfallen. Sie unterscheidet sich beispielsweise darin, wie tief die Aushöhlung ausgeführt ist, oder auch darin, ob das Maul gleichmäßig gerundet oder eingekerbt ist. Bei einigen Modellen wurde der Maulbereich aus einem eigenen kleinen Kunststofftrichter geformt, der gewissermaßen als Maul an den Popper angesetzt wurde. Verschiedene Modelle sind an unterschiedlichen Stellen des Kopfes mit extra Austrittslöchern für das Wasser versehen worden, das ins Maul des Poppers drückt. Damit erzeugen sie noch einmal ein deutlich intensiveres und auffälligeres Spritzverhalten, wenn der Popper auf bzw. gegen das Wasser stößt.

Zum Thema Auffälligkeit gehört auch die Farbe eines Köders. Die für alle Kunstköder so gern und viel diskutierte und umstrittene Frage nach der richtigen Farbe, lässt sich im Fall der Popper recht einfach und plausibel beantworten. Der Farbeindruck, den ein Fisch vom Popper gewinnt, ist nämlich relativ gering, da er ihn ohnehin nur von unten sieht und das bei einer aggressiven Bewegung an der Wasseroberfläche. Von der Farbe und dem Muster auf den Seiten und dem Rücken des Poppers wird er dabei so gut wie gar nichts wahrnehmen. Seine Wahrnehmung konzentriert sich vor allem auf die Bewegungen an der Oberfläche und die Geräusche, die dabei entstehen.

Barsche sind bei uns der häufigste Zielfisch, wenn mit Popper geangelt wird.

Die meisten Fische haben einen weißen Bauch, ein Beutefisch von unten betrachtet, ist also weiß. Dasselbe gilt für Frösche, auch sie sind von unten weiß. Folgerichtig ist dies auch bei den meisten Poppern die Farbe der Unterseite. Einige besitzen eine auffällige rote Bauchbemalung. Aber, wie gesagt, ein Popper wird durch seine Bewegungen unübersehbar, dafür braucht er nicht unbedingt eine bestimmte Farbe.

Typisches Maul

Das einziehende Vorderteil ist das charakteristische Merkmal der Popper, das für die ebenso charakteristischen ploppenden Geräusche des Köders sorgt. Sie entstehen, wenn das konkave Maul des Köders auf oder gegen das Wasser stößt. Die Gestaltung des Vorderteils ist bei allen Poppern ein wenig unterschiedlich, aber es folgt immer demselben Prinzip und es dient immer dazu, es knallen zu lassen.

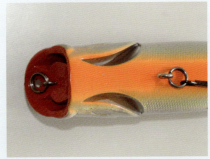

Verzierte Hinterteile

Popper reizen den Fisch nicht nur durch ploppende Geräusche und spritzendes Wasser, sondern auch durch kurze provozierende Bewegungslosigkeit an der Wasseroberfläche. In diesen Phasen zwischen den ruckartigen Bewegungen nimmt der Räuber den Popper ins Visier. Dabei scheint es ihm hilfreich zu sein, wenn der Köder am hinteren Drilling mit bunten Federn oder Gummifransen verziert ist. Die meisten Popper verfügen über eine entsprechende Zier, die bei dieser Ködergruppe ein wichtiges Element darstellt. Bei Versuchen mit Poppern mit und ohne Verzierung, scheinen die verzierten tatsächlich die bessere Bissausbeute geliefert zu haben.

Welche Farbe soll ein Popper haben? Nun, der Fisch sieht ihn nur von unten, deshalb ist seine Farbe nicht ganz so wichtig.

Köderführung

Um den Popper richtig in Szene zu setzen, muss man ihn über die Rute führen. Reines Einkurbeln reicht allein nicht aus, um dem Köder die nötigen Bewegungen und Laute zu entlocken. Das gelingt erst, wenn man ihn ruckartig anzieht, so dass sein Vorderteil ins Wasser stößt. Wenn es dabei ploppt und spritzt, macht man's richtig. Das ist das Schö-

ne am Popper: Man sieht nicht nur, sondern man hört auch, ob man ihn richtig führt.

Mit welcher Intensität man die Rute – Haltung mit der Spitze nach unten zum Wasser – schlagen muss, gilt es für jedes Popper-Modell neu herauszufinden. Der eine reagiert schon auf leichten Zug, der andere braucht einen kräftigen Schlag. Und natürlich spielt auch die Entfernung zwischen Angler und Popper eine Rolle. Je mehr Schnur zwischen ihnen liegt, desto intensiver muss die Rutenbewegung sein.

Spritzt und ploppt der Popper anständig, dann hat man den Schlag richtig ausgeführt. Wann soll man den nächsten Schlag ausführen? Einen verlässlichen Rhythmus findet man, wenn man zwischen den Schlägen ein bis zwei Sekunden wartet. In dieser Zeit kann der Köder sich beruhigen, selbst nimmt man ein bisschen Schnur auf, und ein Räuber, der den Köder beobachtet, hat Gelegenheit, diesen genau zu fixieren.

Selbst kleine Barsche jagen an der Oberfläche und interessieren sich für Popper.

Noch genauer in Augenschein nehmen kann ein Raubfisch den Popper, wenn man ihn etwas länger auf der Stelle ruhen lässt. Tatsächlich löst es oft erst den Biss aus, wenn man den Köder fünf oder zehn Sekunden auf der Stelle dümpeln lässt. Einen Räuber, der den Popper schon länger beobachtet, macht das neugierig, und wenn er seine Neugier nicht mehr zügeln kann, dann platscht es an der Oberfläche – und zwar richtig. Legen Sie ruhig ab und zu etwas längere Pausen zwischen den Köderbewegungen ein, besonders an den sehr verdächtigen Gewässerstellen sollte sich der Popper gerne etwas länger sehen lassen.

Wann mit Popper

Ein Köder, der knallend und spritzend über die Wasseroberfläche zuckt, imitiert erkennbar keinen natürlichen Wasserbewohner. Denn solch eine auffällige Gangart kann sich kein Lebewesen leisten. Wer sich so verhalten würde, wäre zum Aussterben verurteilt, weil er seine Fressfeinde geradezu zum Zu-

Sie machen mehr Lärm, als dass sie sich raffiniert bewegen. Popper lassen das Wasser aufspritzen und knallen, wenn sie ganz kurz eintauchen. Dabei bewegen sie sich insgesamt weitgehend geradeaus.

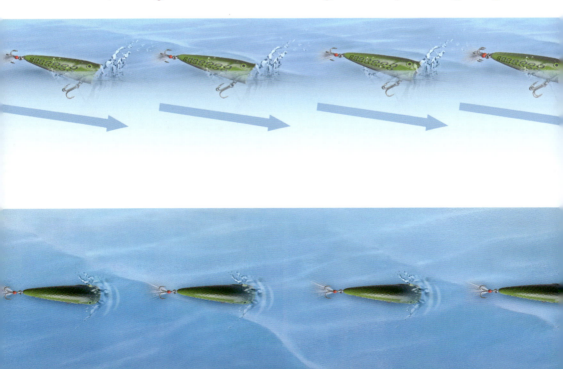

beißen auffordern würde. Mit einem Popper imitiert man also kein real existierendes Lebewesen. Mit viel Phantasie könnte man Parallelen zu einem Frosch erkennen – allerdings nur zu einem verrückt gewordenen, lebensmüden.

Wenn man einen Popper einsetzt, sollte man sich also von vornherein darüber im Klaren sein, dass man nicht im Geringsten Beute imitiert, sondern dass man zum Biss provoziert. Auf diese sehr aggressive Form der Provokation sollte man nur dann setzen, wenn die Zeichen dafür günstig sind. An den meisten Gewässern und die meiste Zeit des Jahres sind die Zeichen jedoch eher ungünstig.

Wie bei allen Oberflächenködern bestehen Fangchancen nur dort, wo Raubfische im Flachwasser oder nahe der Oberfläche auf der Jagd sind. Das wird man in der Regel nur in den wärmeren Monaten erleben. In der kalten Jahreszeit befinden sich die Beute- und Raubfische in tieferen Regionen. Der Einsatz von Poppern wird dann also sinnlos. Aber selbst wenn die Raubfische flach stehen und die Wasseroberfläche im Blick haben, bedeutet das noch nicht, dass sie sich auf den Popper stürzen werden. Popper sind extrem aggressive Köder, die von den Raubfischen gleichfalls eine hohe Aggressivität verlangen. Ein vorsichtiger oder unschlüssiger Räuber wird diesem Köder skeptisch gegenüberstehen und ihn eher meiden als attackieren.

Dass es den richtigen Moment für den Einsatz des Poppers erfordert, lässt sich am besten beim Barschangeln beobachten. Die Barsche sind oftmals klar lokalisiert, sie rauben und sie beißen im Mittelwasser und nahe der

Neben dem Barsch gehört der Hecht zu den Räubern, die man gezielt mit Popper beangeln kann.

Um Hechte mit dem Popper zu verführen, braucht man Gewässer, in denen die Räuber im Flachen stehen und gerne einmal hoch oben attackieren.

Oberfläche, aber direkt an der Oberfläche lassen sie sich nicht verführen. Jedenfalls die meiste Zeit nicht. Dann kommt aber auf einmal der Moment, in dem sie doch auf den Popper reagieren. Oft ist das eine kurze Phase in den Abendstunden, manchmal ist es aber auch ganz unangekündigt eine kurze Zeit, in der sie hoch oben rauben. Die Barsche haben kleine Beutefische an die Oberfläche getrieben, von denen sie sich immer wieder welche schnappen, und wenn sie bei solch einem Angriff den Popper vors Maul kriegen, nehmen sie auch den.

Ganz ähnlich verhält es sich mit den Rapfen. Oft rauben sie offensichtlich an der Oberfläche, nehmen aber nur Köder, die dicht darunter laufen. Dann kommt aber auf einmal der Zeitpunkt, an dem sie auch den Popper von der Oberfläche nehmen, und wenn die Beißbereitschaft so groß ist, dann spielt es schon keine Rolle mehr, dass der Köder den Beutefischen gar nicht ähnelt.

Und auch beim dritten Zielfisch für Popper-Angler, dem Hecht, kommt es darauf an, ihn in der richtigen Fress- und Raublaune zu erwischen. Er muss schon gierig und aggressiv sein, um das ploppende Ding an der Oberfläche zu packen. Wenn man dem Hecht aber in solch einer Phase den Popper serviert, dann erlebt man Bisse, bei denen man alle anderen Köder vergisst.

Wie bei den Stickbaits ist auch ein Warnhinweis für die Popper angebracht, wenn es um Biss und Anhieb geht. Bei beiden Kategorien von Oberflächenködern gilt es, lieber etwas länger zu warten mit dem Anhieb als voreilig anzuschlagen und dem Fisch damit den Köder aus dem Maul zu ziehen. Der Zeitpunkt für den Anhieb ist noch nicht gekommen, wenn man den Räuber das Maul aufreißen sieht, sondern erst, wenn er es wieder geschlossen hat und der Biss in der Rute spürbar wird.

Fänger mit Propeller

Keine echten Popper aber nahe Verwandte sind Topwater-Köder mit Propellern. Diese Hardbaits besitzen entweder nur am hinteren oder am vorderen und hinteren Ende einen kleinen Propeller. Sobald man anfängt, den Köder einzuholen, setzen sich die Propeller in Bewegung und wirbeln das Wasser auf. Ähnlich wie ein Popper macht der Köder auf diese Weise optisch und akustisch sehr aggressiv auf sich aufmerksam. Anders als der Popper wird der Topwater-Köder mit Propeller aber ganz einfach eingekurbelt, sozusagen gecrankt.

CRAWLER – STILVOLLE SCHWIMMER

Kraulen ist bekannt als Schwimmstil, bei dem man die Arme nach vorne wirft. So etwas ähnlichen machen auch die Oberflächenköder, die nach diesem Schwimmstil benannt wurden, mit ihren Ärmchen.

Sie gehören unbestritten zu den Sonderlingen unter den Hardbaits, die sogenannten Crawler. Das besondere an ihnen sind die beiden beweglichen Metallärmchen, die sich nach vorne und zu den Seiten klappen lassen. Beim Einholen des Köders werden sie vom Wasser nach hinten gedrückt, so dass sie rechtwinklig vom Köder abstehen. Durch den Wasserdruck auf die beiden Ärmchen erhält der Crawler auch seine charakteristische und namengebende Bewegung, er scheint sich nämlich ganz ähnlich wie ein Schwimmer beim Kraulstil fortzubewegen.

Neben den Poppern darf man den Crawler mit seinen eigenwilligen Bewegungen sicher zu den auffälligsten Topwater-Ködern rechnen. Angesichts der Form und Fortbewegung stellt man sich unweigerlich die Frage, was dieses Ding darstellen soll. Im entferntesten Sinne kommt er einem Frosch nahe oder auch einem Kleinsäuger, der aufgeregt durchs Wasser paddelt. Aber wie schon mehrfach erwähnt, muss ein Köder nicht zwingend einem natürlichen Vorbild folgen, um zu fangen. Beim Crawler kommt mit Sicherheit immer eine gute Portion Provokation hinzu, wenn ein Raubfisch ihn attackiert.

Bewegung kommt von alleine

Über die Köderführung muss man sich im Falle der Crawler nicht allzu ausgiebig unterhalten. So ungewöhnlich sich der Köder auch bewegt, dem Angler verlangt er nicht viel Raffinesse ab. Im Grunde bedient man diesen Ködertyp ganz genauso wie einen

Da hat sich der Hecht etwas wirklich Sonderbares geschnappt, nämlich einen Crawler.

Seine Schwimmbewegungen, die denen eines kraulenden Schwimmers ähneln, haben dem Crawler seinen Namen gegeben.

Crankbait. Crawler haben aufgrund ihrer Konstruktion ein vorprogrammiertes Bewegungsmuster. Sobald die Ärmchen sich öffnen und damit in Stellung gegangen sind, fängt der Köder an, seine charakteristischen Schwimmbewegungen zu vollführen.

Intensivieren kann und muss man den Lauf des Crawlers nicht noch durch zusätzliche Animation, er gibt von sich aus schon alles. Das einzige, was man tun kann, um ihn in bestimmten Situationen noch attraktiver zu machen, sind Stopps und Tempoveränderungen. Auf den intensiven Reiz des Crawlers reagiert ein aggressiver Fisch meistens sofort. Wenn er jedoch nicht so aggressiv ist, könnte ihn der markante Lauf des Köders eher verunsichern. Dann lässt sich die Beißlust manchmal doch wecken, indem man den Lauf des Köders ab und zu unterbricht und variiert.

Überraschungseinsatz

Crawler sind – zumindest in unseren Breiten – etwas für experimentierfreudige Angler, die gerne einmal etwas Neues ausprobieren und gerne ein ungewöhnliches Fangerlebnis haben möchten. Es wird wohl kaum jemand behaupten, dass der Crawler zu den besten und fängigsten Kunstködern gehört. Dann würden schließlich viel mehr von ihnen in den Angelläden hängen. Aber Crawler haben ihre Berechtigung als Köder und sie haben sicher auch ihre Fans. Wer sich als Neuling an einen Crawler wagt, sollte jedoch sehen, dass er die Fangchancen mit diesem Köder maximiert. Wenn nicht alles passt, wird der Ausflug mit diesem Köder nämlich leicht zu einem Erlebnis ohne Ereignis.

Der Konstruktion eines Crawlers lässt sich unschwer ansehen, dass dieser Köder nicht für weite Würfe geeignet ist. Er ist kein

Dem Crawler kann man es selbst überlassen, sich zu bewegen. Dafür hat er nämlich seine Schwimmflügel bekommen. Gelegentliches Beschleunigen und Abstoppen liegen in der Hand des Anglers.

Suchköder, sondern ein Köder für den Spot. Unbekannte Gewässer und große Wasserflächen mit wenigen Anhaltspunkten für den Aufenthalt von Fischen steuert man mit diesem Köder besser gar nicht an. Wer mit dem Crawler losgeht, sollte wissen, wo Raubfische zu erwarten sind, die bei der Jagd auch gerne einmal einen Ausflug an die Wasseroberfläche machen.

Crawler sind unverkennbar Köder für die aggressiven Momente am Wasser. Die Räuber müssen zu höchsten Temperamentausbrüchen bereit sein, und das bedeutet, der Einsatzzeitraum beschränkt sich weitgehend auf die wärmeren Monate des Jahres. Ansonsten sind die Raubfische nämlich etwas zu unterkühlt, um sich an solch einem Köder zu vergreifen.

Beim Einsatz des Crawlers macht es sich immer gut, ihn möglichst ohne Vorankündigung, also ohne lange Anlaufstrecke, an einen Hotspot heranzuführen. Wenn er plötzlich an einem Einstand zwischen Gehölz, am Rande eines Seerosenbeetes oder an einer Gewässerkante auftaucht, hat er stets die besten Erfolgsaussichten. Wenn er sich selbst zu lange ankündigt, fehlt ihm das nötige Überraschungsmoment und er wird für viele Fische durchschaubar. Sie beobachten den Sonderling zwar, greifen ihn aber nicht an.

Überwiegend Hecht

Crawler sind, wie so viele moderne Köderkreationen, in Amerika entwickelt worden, wo sie auf Schwarzbarsch, Musky und Hecht eingesetzt werden. In unseren heimischen Gewässern kommt eigentlich nur der Hecht

Die beweglichen Ärmchen des Crawlers werden, während er läuft, nach hinten gedrückt und sorgen für seinen Schwimmstil.

in Frage als Crawler-Zielfisch. Aufgrund ihrer Konstruktion sind sie in der Regel zu groß für andere Raubfischarten, obwohl sich sicherlich auch einmal ein größerer Barsch oder ein ausgewachsener Rapfen an solch einem Köder vergreifen könnte. Aber gezielt mit dem Crawler auf diese Arten zu angeln, wäre ein bisschen zu verwegen.

Und auch auf Hecht wird man mit dem Crawler besser nicht wahllos irgendwo gehen. Der Einsatz dieses Köders hat nur dort wirklich Sinn, wo sich Hechte einigermaßen lokalisieren lassen, wo man sie also nicht lange suchen muss, und die Räuber nahe der Oberfläche auf die Jagd gehen. Gefragt sind

Sonderbare Verwandte

Neben den Crawlern gibt es noch ein
paar andere Topwater-Köder mit sonder-
bar veränderter Tauchschaufel. Breite,
flügelartige Metallblätter am Kopf des
Köders deuten an, dass er zu den auffällig schwimmenden Oberflächenködern
zählt. Ähnlich wie die beweglichen Ärmchen sorgen die flügelartigen Fortsätze
der Metallschaufel für einen Schwimmstil, der ans Kraulen erinnert.

*Der Water Bug mit seinen zwei beweglichen
Metallärmchen funktioniert nach demselben
Prinzip wie der Crawler.*

für diesen Ködertyp also flache, warme Gewässerbereiche, in denen die Hechte stehen
und grundsätzlich bereit sind zu einer Ober-
flächenattacke.

Fehlbissgefahr

Noch mehr als bei allen anderen Topwater-
Ködern muss auf die Fehlbissproblematik
der Crawler hingewiesen werden. Mit ihren
ausgefahrenen Ärmchen sehen sie schon
ein bisschen aus, wie eine Maulsperre, und
wenn der Hecht unglücklich angreift, können sie tatsächlich leicht diese Funktion bekommen. Umso mehr gilt es, bei einem Biss
die Ruhe zu bewahren. Denn man muss dem
attackierenden Fisch so viel Zeit lassen, bis
er wirklich mit seinem Maul bis zum Drilling

durchgedrungen ist. Es wäre verfrüht, den
Anhieb zu setzen, wenn man den Biss sieht,
und auch noch, wenn erster Zug auf der
Schnur zu spüren ist, der Biss muss handfest
in der Rute zu spüren sein, erst dann ist die
Zeit reif für den Anhieb.

Es kann sehr gut sein, dass der Räuber beim
ersten Angriffsversuch nicht mit dem Köder
fertig wird. Genauso gut kann es dann aber
auch sein, dass er noch zu einem zweiten
und dritten Angriff ausholt. Dabei heißt es,
auch wenn's schwerfällt, immer die Ruhe zu
bewahren. Das einzige, was man tun darf,
wäre nach dem ersten misslungenen Angriff
den Köder ein wenig zu beschleunigen. Das
sieht aus wie ein Fluchtversuch und könnte
den Angreifer noch zusätzlich motivieren.
Wenn das gelingt, wird es nach einer Sekunde eine Explosion im Wasser geben und einen der aufregendsten Bisse, den man beim
Hechtangeln erlebt hat.

ZWEITEILER – GELENKIGE FÄNGIGKEIT

Warum sollte ein Wobbler statt aus einem aus zwei Teilen bestehen? Ganz einfach: Weil er dadurch eine andere Beweglichkeit bekommt, die manchmal mehr Fische verführt als die der einteiligen Wobbler.

Sind Zweiteiler attraktiver als Einteiler? Wenn es bei dieser Frage um Badeanzüge geht, könnte man antworten: Es kommt auf die Figur und die Bewegung an. Und wenn es dabei um Wobbler geht, könnte man genau dieselbe Antwort geben. Zweiteilige Wobbler oder, wie man sie auf Englisch bezeichnet, Jointed Lures sind nicht generell besser oder schlechter als ihre Verwandten aus einem Stück, sie sind vor allem anders. Wer das erkennt und im richtigen Moment zu nutzen versteht, der verschafft sich allerdings einen Vorteil. Es geht also nicht darum, den einen oder anderen Wobblertyp als den besseren zu betrachten, sondern in der jeweiligen Situation denjenigen von beiden auszuwählen, mit dem man bessere Chancen hat.

Das Charakteristische der Jointed Lures ist mit dem Namen schon genannt, ihre Zweiteiligkeit. Sie sind in der Mitte oder etwas dahinter geteilt, und die beiden Teile sind durch einen oder mehrere Scharniere oder Schrauben miteinander verbunden. Sinn und Zweck der Maßnahme besteht selbstverständlich darin, den Wobbler beweglicher zu machen. Das gelingt auch, jedenfalls auf diese spezielle Weise. Wobei es natürlich ebenso Einteiler gibt, die beim Einholen so sehr vibrieren, dass sie sich nicht viel weni-

ger bewegen als mehrteilige Wobbler. Aber bei den Mehrteilern geht es um eine andere Form von Beweglichkeit, sie sollen nicht so sehr vibrieren und wackeln, sie sollen sich viel mehr schlängeln. Wobei ihnen das wiederum nicht so gut gelingt wie den Swimbaits, die nicht aus zwei, sondern noch mehr Teilen bestehen.

Zweiteilige Wobbler waren früher immer schlank. Mit besonderen Gelenken wird das Prinzip inzwischen auch auf hochrückige Wobbler übertragen.

Die starke Beweglichkeit des Zweiteilers hat seine Wirkung auf den Barsch getan.

Wenn der Zweiteiler mit abgewinkeltem Hinterteil aus dem Wasser kommt, stimmt etwas mit seinem Gelenk nicht – oder es war ein heftiger Biss.

Zweiteiligen Wobbler waren früher immer sehr schlank, es waren der Form nach im Grunde zweiteilige Minnows. In der Regel hatten sie dann eine einfache Verbindungsstelle, mit der sich auch nur zwei schlanke Körperteile verbinden lassen. Unter den neueren Wobblermodellen findet man teilweise recht hochrückige Zweiteiler. Bei ihnen bedient man sich zweier Verbindungsstellen oder eines langen Scharniers, damit die beiden hohen Körperteile in ihren Bewegungen gut miteinander harmonieren.

Verschiedene Verbindungen

Achten Sie auf diese Verbindung zwischen den beiden Teilen. Es gibt sie in unterschiedlichsten Ausführungen von einfach und primitiv bis zweifach und gut durchdacht. Egal, wie die Verbindung aufgebaut ist, sie sollte leicht und geschmeidig sein, damit der Wobbler seine beiden Teile problemlos bewegen kann. Ist die Verbindung schwergängig, wird sie sich verhaken, die beiden Teile sitzen dann in einem unerwünschten Winkel miteinander fest und bewegen sich gar nicht mehr. Das kommt nicht nur bei schlechten Verbindungsstücken vor, sondern nach einiger Zeit auch bei guten. Dann haben sich Schwebeteilchen aus dem Wasser am Gelenk angesammelt und es nach und nach verklebt. Eine kurze Reinigung unter fließendem Wasser schafft Abhilfe und sorgt dafür, dass sich das Gelenk wieder reibungslos bewegen kann.

Die Art des Gelenks bestimmt, wie die beiden Körperteile miteinander korrespondieren. Bei den eher preiswerten Modellen verhaken sich die beiden Teile oder das Hinterteil schlackert zu sehr herum, es findet keine klare Bewegung und gerät leicht aus der Laufbahn. Anständige Modelle zeichnen sich durch eine geordnete Bewegung aus, und sie lassen sich nicht so schnell aus dieser Bewegung herausbringen.

Verbindungen

Die Verbindung zwischen den beiden Teilen des Wobblers muss leichtgängig sein, die beiden Teile müssen sich wie von selbst bewegen. Sind die Bewegungen zu zäh und verhaken sich die beiden Teile, dann ist der Wobbler nicht zu gebrauchen. Er wird nicht so laufen, wie er es soll. Mit etwas handwerklichem Geschick lässt sich das Gelenk vielleicht lockern. Aber das ist nicht Sinn der Sache bei einem neuen Wobbler. Genauso wenig sollten die beiden Teile hin- und herschlackern. Wenn die Verbindung zu locker ist, resultiert daraus meistens auch kein ansehnliches Laufverhalten.

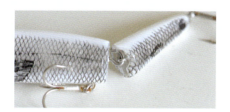

Zweiteiliger verstärken

Die Teilung des Wobblers dient grundsätzlich der Intensivierung der Bewegung. Welche Wirkung das erzielt, darüber gehen die Absichten der Wobbler-Hersteller und die Meinungen der Angler auseinander. Der Wobbler kann sich mit zwei Teilen natürlicher bewegen, heißt es. Das ist sicherlich die ursprüngliche Idee, die hinter der Teilung des Köders steckt. Er kann aber genauso gut das Gegenteil tun und sich provozierender und unnatürlicher darbieten. Eine leicht schlängelnde Fortbewegung macht ihn durchaus einem schwimmenden Fisch ähnlicher, starkes Ausschlagen und Vibrieren des Körpers kann die Bewegung aber auch ins Unnatürliche übersteigern. Die Frage, ob zweiteilige Wobbler natürlicher wirken als Einteilige, lässt sich also zweideutig mit Ja und Nein beantworten. Beides ist möglich, vor allem hat solch ein Zweiteiler aber immer ein höheres Bewegungspotenzial als ein einteiliger Wobbler. Das ist der entscheidende Unterschied.

Selbst mit ein und demselben Modell lassen sich verschiedene Wirkungen erzielen, je nachdem, wie man den Köder präsentiert. Führt man ihn langsam und gleichmäßig, zieht er durchs Wasser wie ein echter Fisch, macht man Tempo und baut Stopps und Beschleunigungen in die Führung ein, wird derselbe Wobbler zu einem irren Provokateur. So lassen sich mit dem Zweiteiler also sehr unterschiedliche Effekte erzielen, die man schließlich für sehr unterschiedliche Gelegenheiten gebrauchen kann. Die Frage, wie man diese Wobbler führen soll, ist also nicht eindeutig zu beantworten und hängt

Ein räuberischer Döbel hat auf die Bewegungen des zweigeteilten Wobblers reagiert.

von der jeweiligen Situation und der Laune der Fische ab.

Reizspektrum erweitern

Mit der Zweiteiligkeit verfügt der Wobbler bereits konstruktionsbedingt über eine eigene Beweglichkeit, die man ihm nicht extra durch aktive Rutenführung verleihen muss. Eigentlich reicht es deshalb vollkommen

aus, den Jointed Lure ganz genau wie einen Crankbait einfach einzukurbeln. Durch den Wasserdruck auf seine Tauchschaufel vollführt er bereits das Spiel, für das er konstruiert wurde. Einfach auswerfen und wieder einholen ist eine ganz gängige und ebenso fängige Technik für Zweiteiler.

Selbstverständlich bieten einem aber auch diese Wobbler Möglichkeiten, den Lauf zu variieren und damit das Reizspektrum für die Räuber zu erweitern.

Allein ein Tempowechsel führt meistens nicht nur zu einer anderen Geschwindigkeit, sondern damit zugleich zu einer anderen Bewegungsintensität. Der Zweiteiler läuft ruhiger, gleichmäßiger oder unruhiger, aggressiver. Auf diese Weise kann man den Räubern einen mehr oder weniger intensiven Reiz anbieten. Bei den Tempoveränderungen erkennt man nebenbei auch, welch ein Geschwindigkeitsspektrum der Wobbler verträgt, und damit, ob man es mit einem mehr oder weniger guten Modell zu tun hat. Neben Geschwindigkeitsveränderungen lohnt es sich, ab und zu einen Spinnstopp einzulegen, insbesondere dann, wenn man den Köder an einem Hotspot führt und sicher sein kann, dass Räuber in der Nähe sind. Wenn dann eine gleichmäßige Führung keinen Biss herbeiführt, kann es vielleicht das abrupte Abstoppen, der Wechsel von Bewegung zu Stillstand, das kurze Auf- und wieder Abtauchen des Wobblers.

Bei Zweiteilern sollten dies aber immer nur gelegentliche und überraschende Veränderungen der Bewegung sein, dann ist ihr Effekt am größten. Auf keinen Fall sollte man zweiteilige Köder dauerhaft twitchen oder

Hechtdesign ist beliebt für Hechtwobbler und bei Hechten,
auch mit dem Zweiteiler kommt das Design gut an.

Je nach Konstruktion bewegen sich Zweiteiler aus eigenen Stücken schon mehr oder weniger
intensiv. Es reicht gewöhnlich aus, sie gleichmäßig einzuholen (A). Gelegentliche Stopps, bei denen
der Wobbler etwas auftaucht, können seinen Reiz erhöhen (B).

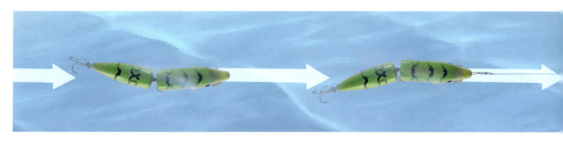

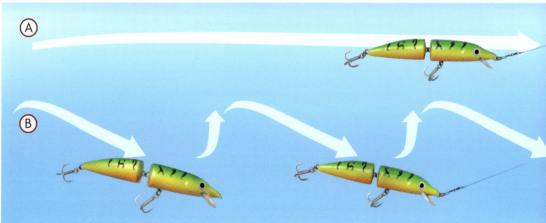

jerken. Dafür sind sie nicht ausgelegt und dabei machen sie auch nur eine schlechte, kuriose Figur, auf die kaum ein Raubfisch hereinfallen dürfte.

Tage der Zweiteiler

Es gibt keine klare Regel dafür, wann man zweiteilige Wobbler statt einteilige einsetzen sollte. Aber es gibt ganz sicher Tage, an denen Zweiteiler die Nase vorn haben. Welche Tage das sind, kann niemand so

Der legendäre Hi-Lo in der zweiteiligen Ausführung lässt sich für verschiedene Tiefen einstellen.

genau sagen, aber jeder kann sie erleben. Grundsätzlich lohnt es sich immer, einmal einen Versuch mit einem Zweiteiler zu unternehmen, wenn die Einteiler längere Zeit keinen Biss liefern. Möglicherweise ist dann ein anderes Bewegungsmuster gefragt, eins, das ein zweiteiliger Wobbler bieten kann.

Da Zweiteiler grundsätzlich mehr Beweglichkeit bieten, lässt sich daraus zumindest ungefähr ableiten, wann ihre Momente kommen. Einmal ist das ganz sicher in der Frühjahrsphase, nachdem die Räuber abgelaicht haben und ein aggressives Bedürfnis zur Nahrungsaufnahme verspüren. Jetzt versucht man nicht etwa, eine natürliche

Schwimmbewegung zu imitieren, sondern mit starker Bewegung und gegebenenfalls auffälligen Farben zum Biss zu provozieren. Für die ersten Hechte der Saison sind zweiteilige Wobbler deshalb oft eine gute Wahl. Die verstärkte Beweglichkeit ist auch eine interessante Eigenschaft für trübes Wasser – dann unter Umständen noch kombiniert mit einer auffälligen Farbgebung. Bei schlechten Sichtverhältnissen können stärkere Druckwellen auf die Seitenlinie der Fische einem Wobbler zu mehr Wahrnehmung und Fangerfolg verhelfen.

Seine Auffälligkeit macht den Zweiteiler zu einem Favoriten für das Spinnfischen im Fluss – und das nicht nur, wenn das Wasser angetrübt ist. In der Strömung des Fließgewässers ist die verstärkte Bewegung des zweiteiligen Wobblers immer eine gute Option, um die Aufmerksamkeit der Räuber zu wecken. Allerdings braucht man im Fluss immer ein gutes, stabiles Modell, das sich von stark bewegtem Wasser nicht aus dem Gleichgewicht bringen lässt.

Ein gutes Beispiel für den Einsatz und die Wirkung zweiteiliger Wobbler kennen Meerforellenangler, die den aufsteigenden Fischen im Fluss nachstellen. Meerforellen haben in dem Stadium kein Interesse an Nahrungsaufnahme. Wer sie fangen will, bietet ihnen nicht etwa eine gute Nahrungsimitation an,

sondern konfrontiert sie mit einer Provokation. Ein gut beweglicher zweiteiliger Wobbler in den Farben Rot oder Orange erfüllt diese Aufgabe ausgezeichnet und zeigt dabei sehr deutlich, dass es bei diesen Wobblern nicht unbedingt um natürliche Imitation von Beute geht.

Saubere Verbindung

Wobbler sind insgesamt recht pflegeleichte Köder. Bei den zwei- und mehrteiligen Modellen kann es vorkommen, dass die Gelenke mit der Zeit schwergängig werden. Vor allem in trübem Wasser mit vielen Schwebteilchen setzen sich Partikel in den Gelenken fest. Eine kurze Reinigung mit der Zahnbürste unter dem Wasserhahn sorgt dafür, dass die Verbindung zwischen den Teilen wieder reibungslos funktioniert.

SWIMBAITS – NATÜRLICH BEWEGLICH

Mit den mehrgliedrigen Swimbaits werden optisch und in der Beweglichkeit die natürlichsten Beutenachbildungen angeboten. Sie werden damit zur Spezialwaffe für besonders erfahrene und vorsichtige Raubfische.

Ihre besonderen Schwimmeigenschaften bilden das kennzeichnende und namengebende Merkmal der Swimbaits. Wobei mit

Der Körper so biegsam wie der eines echten Fisches, das zeichnet den Swimbait aus.

Swimbaits wirken oft so echt, dass der Hecht sie gleich tief im Rachen verschwinden lassen will.

Schwimmen nicht gemeint ist, dass es sich um schwimmende Wobbler handelt, die erst unter Zug abtauchen. Viel mehr bezieht sich die Bezeichnung auf ihre Beweglichkeit unter Wasser. Und die erreichen sie sowohl in der schwimmenden als auch der sinkenden Ausführung wie auch als Suspender.

Die Grundvoraussetzung für ihre realistischen Schwimmbewegungen bildet ein mehrteiliger Körper. Meistens sind Swimbaits drei- oder viergliedrig, es gibt aber auch Modelle, die aus weit mehr Teilen bestehen, und ebenfalls werden einige zweiteilige Wobbler zu dieser Ködergruppe gezählt, obwohl sie mit nur einer Teilung nicht die geschmeidigen Bewegungen eines typischen Swimbaits erreichen. Die zweiteiligen Swimbaits haben übrigens oft den Namen Jerk, obwohl sie keine echten Jerkbaits sind.

Bei der Oberflächen- und Farbgestaltung gibt es zwar große Unterschiede, es ist jedoch charakteristisch für Swimbaits, dass sie dem lebenden Vorbild sehr detailgetreu nachgebildet sind. Bei den Top-Modellen unter den Swimbaits sind Flossen, Schuppen und Kiemendeckel mit viel Liebe zum Detail herausgearbeitet, und die Farbgebung entspricht sehr genau der des Originalvorbildes. Swimbaits sind damit die natürlichsten Nachbildungen der Beutefische, die man unter den Hardbaits findet, und das eben nicht nur nach ihrem Aussehen, sondern auch nach ihrer Bewegung.

In Verbindung mit den extrem realistischen mehrteiligen Wobblern stößt man häufiger auf die Bezeichnung Realbait. Damit soll zum Ausdruck gebracht werden, wie nahe dieser Kunstköder an der Realität der leben-

Swimbaits gibt es in der Ausführung mit und ohne Tauchschaufel. Manchmal werden die Modelle ohne auch Jerkbait genannt.

den Wasserbewohner ist. Bei den Realbaits handelt es sich in aller Regel ebenfalls um Swimbaits.

Von natürlich bis schockend

Swimbaits werden durch ihre Beweglichkeit und ihre Mehrgliedrigkeit charakterisiert und nicht durch eine bestimmte Form wie etwa die Wobbler vom Typ Minnow oder Crankbait. Swimbaits gibt es deshalb in unterschiedlichen Formen von lang und schlank bis kompakt und hochrückig. Auch aus dem Vorhandensein und der Form einer Tauchschaufel lässt sich nichts ableiten, denn es gibt Swimbaits sowohl mit als auch ohne Tauchschaufel. Mehrheitlich werden sie allerdings ohne Tauchschaufel produziert.

Teilweise werden mit den Swimbaits ganz gezielt bestimmte Fischarten sehr natürlich nachgebildet, zum Beispiel Forellen oder Rotaugen, teilweise werden aber auch idealtypische Fischgestalten geformt, die keine bestimmte Art darstellen, jedoch in nahezu jedes Beuteschema passen.

Und schließlich gibt es Swimbaits in grellen Schockfarben – obwohl das dem Gedanken eines möglichst natürlich wirkenden Kunstköders widerspricht. Aber warum sollte man mit einem Kunstköder nicht etwas ganz anderes machen als das, wofür er ursprünglich vorgesehen war? Wenn es zum Erfolg führt, ist alles erlaubt, auch der Einsatz eines von der Idee her natürlich wirkenden Köders als unnatürlicher Schockköder.

Mit einer erhöhten Anzahl von Körperteilen hat man versucht, die Bewegungen der Swimbaits noch geschmeidiger und natürlicher zu gestalten. Die Gleichung „je mehr Glieder, desto bessere Bewegungen" geht aber nur bedingt auf. Ein Swimbait mit neun Gliedern bewegt sich nicht unbedingt attraktiver als einer mit nicht einmal halb so vielen Gliedern. Die Beweglichkeit hängt auch davon ab, wie die Glieder miteinander verbunden sind und welchen Abstand sie zueinander haben. Viele dicht aneinander anschließende Glieder halten oft nicht das, was man sich von ihrer Beweglichkeit verspricht. Swimbaits mit drei oder vier reibungslos miteinander verbundenen Gliedern erfüllen ihre Aufgabe in der Regel perfekt.

Die Mehrgliedrigkeit der Swimbaits hat gewisse Einschränkungen beim Werfen dieser Wobbler zur Folge. Im Flug neigen ihre Gelenke nämlich dazu einzuknicken, sie fliegen also nicht gestreckt, sondern in gewinkelter Gestalt, und das führt zu Einbußen bei der Reichweite. Swimbaits sind folglich keine allzu guten Flieger. Weite Würfe und zügiges Abfischen großer Strecken sollte man sich mit ihnen also nicht vornehmen.

Viele Glieder

Wie viele Glieder soll ein Swimbait haben? Über seine Fängigkeit entscheidet nicht die Anzahl seiner Glieder, sondern deren Zusammenspiel. Ein Swimbait mit drei Teilen kann durchaus besser laufen als einer mit neun. Wie gut sich ein Köder bewegt, zeigt sich meistens erst im Wasser. Deshalb bleibt es einem in den meisten Fällen nicht erspart, ein paar Modelle auszuprobieren, um das richtige für die jeweiligen Gewässerverhältnisse zu finden.

Bei einigen Modellen – und das sind im Wasser gar nicht einmal die schlechtesten – heißt es beim Wurf ganz besonders: aufgepasst! Denn sie neigen dazu, sich im eingeknickten Zustand im Vorfach zu verfangen. Das ist sehr ärgerlich, wenn der gesamte Wurf an einer Top-Stelle dadurch hinfällig wird und das Einholen des verhedderten Köders womöglich noch Scheuchwirkung entwickelt. Die meisten der problematischen Flieger bekommt man aber doch noch ganz gut unter Kontrolle, wenn man sich bei ihnen mit dem Werfen etwas mehr Zeit nimmt. Vor dem Wurf lässt man den Köder gut auspendeln, und dann zieht man gleichmäßig zu einem geraden Überkopfwurf durch. So fliegen selbst die unbändigen Swimbaits meistens sehr gerade und verheddern sich nicht im Vorfach.

Charakteristische Bewegungen

Mit der Form des mehrgliedrigen Körpers wird den Swimbaits eine Beweglichkeit eingebaut, die dem Angler keine besondere Geschicklichkeit bei der Handhabung der Rute abverlangt. Wer sich die Bewegungen solch eines Ködern einmal in klarem flachen Wasser anschaut, wird erkennen, dass es nicht mehr als einen gleichmäßigen Zug erfordert, um ihn verführerisch durchs Wasser schlängeln zu lassen. Swimbaits ähneln darin den Crankbaits. Beide braucht man nur gleichmäßig einzukurbeln, damit sie ihre charakteristischen Bewegungen vollführen.

Viele Swimbaits sind allerdings sehr viel sensibler austariert als Crankbaits, häufig sind sie als sehr langsam sinkende Modelle oder Suspender ausgelegt. Man muss ihnen genügend Zeit geben, um auf die gewünschte Tiefe zu kommen und man muss sie sehr langsam führen, damit sie in der entsprechenden Tiefe bleiben. Einige Modelle kommen schon bei geringfügig zu schneller Führung an die Oberfläche und laufen dann viel zu hoch. Die Führung von Swimbaits erfordert deshalb etwas Fingerspitzengefühl, damit der Köder sich stets in der gewünschten Tiefe befindet.

Gleichmäßiges Einholen reicht aus, um einen Swimbait fängig zu präsentieren. Wer sich jedoch noch mehr als monotones Einkurbeln einfallen lässt, kann auch noch mehr aus dem

Langsam sinkende Swimbaits sind eine gute Option für Räuber im flachen Wasser.

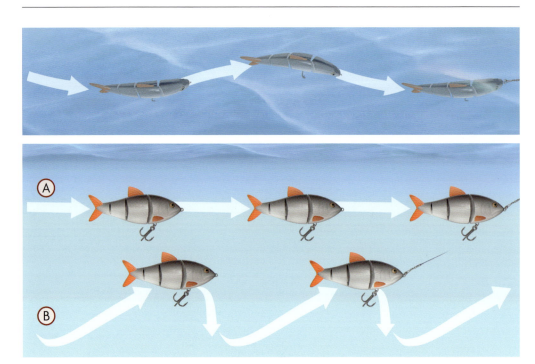

Als Meister der dezenten, natürlichen Bewegung benötigen Swimbaits nichts als eine gleichmäßige Führung, bei der sie sich durchs Wasser schlängeln (A). Aber auch bei ihnen können Stopps, bei denen sie je nach Gewicht auftreiben oder absinken, einen Zusatzreiz erzielen (B).

Die extrem natürliche Gestaltung gehört zu den Stärken vieler Swimbaits.

Köder für klare Verhältnisse

Klares Wasser und helles Licht sind Bedingungen, unter denen der Fisch einen Köder genau in Augenschein nehmen kann. Schlechte Imitationen werden schnell entlarvt, unnatürliche Bewegungen werden nicht weiter beachtet. Swimbaits sind Meister der klaren Verhältnisse. Ihnen sieht kein Räuber auf den ersten Blick an, dass es sich um eine Täuschung handelt. Sie überzeugen auch dann noch, wenn die plumperen Imitationen längst aufgeflogen sind.

Köder herausholen als nach seiner Konstruktion in ihm steckt. Ein aufreizendes Moment für jeden Raubfisch stellt es dar, wenn die vermeintliche Beute, statt davon zu schwimmen auf der Stelle stehen bleibt. Auch beim Swimbait kann gelegentliches Abstoppen und anschließend erneutes Losschwimmen eine verführerische Wirkung haben. Der Biss kommt dann oft genau in der Phase, in der der Köder ruht oder gerade wieder anfängt, sich zu bewegen.

Auch das genaue Gegenteil einer Ruhepause kann die Raubfische auf Trab bringen, also eine plötzliche schnelle Bewegung. Ein kurzer rasanter Schwimmzug eines mehrteiligen Wobblers sendet intensive Signale an die Seitenlinie der Fische aus. Das gilt umso mehr, wenn sich Rasselkugeln im Innern des Köders befinden. Die sorgen beim Swimbait nämlich bei einer kurzen schnellen Bewegung für eine Lärmattacke, die kein Räuber überhören kann.

Die Stärke des Swimbaits ist zweifellos seine geschmeidige natürliche Beweglichkeit. Mit einem gelegentlichen Akzent in Form eines Stopps oder einer rasanten Beschleunigung kann man dem Köder aber eine zusätzliche Aufmerksamkeit verschaffen, die seine Fängigkeit noch erhöht.

Gute Täuschungen

Wenn mit den Swimbaits Wobbler kreiert wurden, die mit Ihrer Optik und Beweglichkeit ihren lebendigen Vorbildern besonders nahekommen sollen, dann deutet das schon an, wo die Stärke und das Einsatzgebiet dieser Köder liegen. Nämlich dort, wo genau diese Eigenschaften besonders gefragt sind. Sie sind also für Situationen bestimmt, in denen es darauf ankommt, eine möglichst gute Täuschung der natürlichen Beute anzubieten. Und das ist immer dann erforderlich, wenn der Raubfisch einen ungetrübten Blick auf seine Beute hat. Swimbaits sind also Köder für klares Wasser und allgemein gute Sichtverhältnisse. Selbst wenn sie sich langsam bewegen – was sie in der Regel tun werden – und der Raubfisch länger Zeit hat, den Köder in Augenschein zu nehmen, erscheint er ihm nicht unnatürlich.

Das natürliche Erscheinungsbild der Swimbaits macht sie zu einer Geheimwaffe für

Auf die realistischen Darbietungen fallen selbst erfahrene und vorsichtige Räuber noch herein.

erfahrene und sehr vorsichtige Raubfische, die schon viele Kunstköder gesehen und schon an einigen gehangen haben. Von allen Wobblertypen sind die Swimbaits für den Räuber am schwierigsten zu durchschauen, und deshalb bilden sie immer noch eine gute Option für alte, schlaue Raubfische, die alle Wobbler mit einem auffälligen Bewegungsmuster an sich vorbeiziehen lassen.

Swimbaits besitzen konstruktionsbedingt eine gewisse Mindestgröße, sie können praktisch nicht für die kleinsten Raubfische unserer Gewässer produziert werden. Da sie, was ebenfalls auf ihre Konstruktion zu-rückzuführen ist, in der Regel hoch laufen, engt sich die Zahl der Zielfische für diesen Ködertyp stark ein. Swimbaits sind bei uns in erste Linie Hechtköder. Für andere Raubfische sind sie meistens zu groß oder laufen zu hoch. Mit den kleinsten Modellen bestehen aber auch Aussichten auf gute Barschfänge. Weil Swimbaits ihre sensiblen Bewegungseigenschaften in strömendem Wasser schlecht entfalten können, kann man sie als potenzielle Köder für stehende Gewässer bezeichnen.

Beim Spinnfischen auf Hechte im Stillwasser entfalten Swimbaits ihre volle Stärke

Die kleinen Modelle eignen sich gut für Barsche und andere kleinere und mittlere Raubfische.

als täuschend echte Imitation für erfahrene Räuber, die sich normalerweise nicht mehr so leicht täuschen lassen. Wenn sich dann auch ein überdurchschnittlich großer Barsch oder ein überdurchschnittlich hoch raubender Zander am Swimbait vergreift, darf man sich über den schönen Beifang freuen, und darüber, dass dieser Hardbait auch noch anderen Fischen sehr natürlich erscheint.

Swimbait aus Gummi

Die Bezeichnung Swimbait gibt es nicht nur bei den Hardbaits, sondern ebenso bei den Softbaits. Gemeint sind in beiden Fällen Kunstköder, die gewisse Ähnlichkeiten miteinander haben. Auch die soften Swimbaits bestehen aus einem mehrgliedrigen, sehr beweglichen Körper. Und wie ihre harten Verwandten sind sie dem lebenden Vorbild sehr originalgetreu nachgebildet. Die Bezeichnung

Swimbait allein sagt aber noch nichts darüber aus, ob es sich um einen Wobbler oder einen Gummiköder handelt.

CREATURES – NICHT FISCH, ABER FLEISCH

Wenn keine Tiere mit Flossen, sondern mit Beinen und Flügeln als Vorlage für den Hardbait dienen, setzt man unweigerlich auf einen Exoten. Aber auch die Imitationen von Land- und Luftbewohnern fangen.

Raubfische fressen kleine Fische, und Wobbler imitieren folgerichtig genau diese Beute – jedenfalls zu ungefähr 99 Prozent. Dann gibt es aber auch noch einen geringen Prozentsatz an Wobblern, mit denen etwas anderes nachgebildet wird als kleine Fische.

Schließlich nehmen die Räuber dann und wann noch etwas anderes zu sich als Fische. Krebse, Mäuse, Frösche und Insekten stehen ebenfalls auf dem Speiseplan, zwar selten, aber auch sie verschwinden im Raubfischrachen. Wieso sollten also nicht auch sie als Vorlage für den Wobblerbau dienen? Tatsächlich gibt es verschiedene Land- und Luftbewohner in Gestalt von Wobblern. Ob es gelingt, diese Tiere mit einem Hardbait zu imitieren oder in wie weit es sich um eine Spielerei handelt, an der eher der Angler als der Fisch Gefallen findet, zeigt sich bei genauer Betrachtung der einzelnen Modelle.

Wollte dieser Barsch wirklich einen Krebs fressen oder nicht einfach irgendetwas, was sich da gerade bewegte?

Krebse

Von allen Wasserbewohnern, die nicht zu den Fischen zählen – Insekten einmal ausgenommen, bilden Krebse die häufigsten Beutetiere der Raubfische. Übrigens nicht nur der Raubfische, auch manch ein Friedfisch lässt sich gerne einmal einen Krebs schmecken.

Die Beliebtheit von Krebsen als Speise verschiedener Fischarten hat die Köderindustrie animiert, in unterschiedlicher Weise künstliche Krebse zu produzieren, meistens aus weichem Gummi, aber eben auch aus Hartplastik. Aber gelingt es, mit einem Wobbler die charakteristischen Bewegungen eines Krebses zu imitieren? Krebse bewegen sich schließlich eher träge am Grund und Wobbler tendenziell schneller darüber. Dennoch sei schon einmal verraten: Die Krebs-Wobbler fangen! Allerdings wohl nicht immer deshalb, weil sie überzeugend einen Krebs vortäuschen.

Die Krebs-imitierenden Wobbler reichen von ganz normalen einteiligen Crankbaitformen mit Krebsdekor bis hin zu mehrteiligen Konstruktionen mit beweglichen Scheren. Einen Crankbait mit aufgemalter Krebssilhouette benutzt man ganz genauso wie einen anderen Crankbait, das heißt, man kurbelt ihn ein. Das hat nicht viel mit der Bewegung eines Krebses zu tun, aber so fängt der Wobbler – wenngleich nicht, weil er mit einem Krebs verwechselt wurde.

Ein mehrteiliger Krebs-Wobbler mit beweglichen Scheren hat bessere Möglichkeiten, die Bewegungen eines Krebses zu imitieren. Allerdings muss es dazu gelingen, den Wobbler geschickt über den Boden zu führen, ohne

Crankender Krebs

Wenn ein Wobbler irgendetwas anderes imitiert als einen kleinen Fisch, dann schauen Sie sich den Wobbler genau an. Um welch ein technisches Wobbler-Modell handelt es sich? Behandeln Sie ihn so, wie das Modell es verlangt, einen Crankbait wie einen Crankbait und einen Stickbait wie einen Stickbait. Im Zweifelsfall reagiert ein Fisch nämlich auf die richtige Führung des Wobblers und nicht auf die Bemalung, die irgendeinem Tier nachempfunden ist.

dass er zu oft und zu sehr aufsteigt oder sich am Boden festsetzt. Den Krebs-Wobbler dementsprechend genau und sicher zu kontrollieren, ist meistens gar nicht möglich. Fangen kann er trotzdem – aber auch er fängt meistens nicht, weil er eine überzeugende Krebsperformance hinlegt.

Ein krebsgestaltiger Wobbler tut gut daran, sich in Bodennähe zu bewegen. Grundsätzlich bewegt man Creature-Wobbler aber so, wie es der jeweilige Wobblertyp verlangt, ohne Rücksicht darauf, welches Tier er darstellen soll.

Frosch

Im Prinzip gilt für Wobbler in Froschgestalt etwas ganz Ähnliches wie für Krebs-Wobbler: Sie fangen, sie fangen aber nicht, weil sie ihr Vorbild gekonnt nachahmen, sondern weil sie zum Zubeißen herausfordern, unabhängig davon, was sie darstellen sollen. Bei den Froschimitationen handelt es sich in der Regel um Wobbler für die Oberfläche, passend zu dem Umstand, dass Frösche an der Oberfläche schwimmen, gleichwohl sie natürlich auch tauchen können. Es gibt aber ebenfalls Modelle mit Tauchschaufel, die dicht unter der Oberfläche laufen.

Den charakteristischen Schwimmstil der Frösche, den sie mit ihren langen, beweglichen Hinterbeinen erzeugen, kann verständlicherweise kein Hardbait nachbilden. Wobbler in Froschgestalt sind starr. Solch eine harte Wobblerkonstruktion wird niemals überzeugend die Bewegungen eines Frosches imitieren können. Was sie an der Oberfläche vollführt, gibt ihre Form vor und kann vom Angler noch durch Führungstechnik beeinflusst werden.

Im Prinzip benehmen sich die als Frosch designten Wobbler so wie sie sich rein technisch zu verhalten haben. Als Stickbaits gleiten die Frösche im Zickzack übers Wasser, als Popper lassen sie's spritzen und als Crankbait vibrieren sie durchs Wasser. Alles so, wie es der Wobblertyp verlangt, nur dass er dieses Mal ein Froschdekor hat.

Diese Wobbler beziehen ihren Reiz aus ihrer Bewegung und ihren Geräuschen. Dass sie dabei optisch einem Frosch nachempfun-

Hechte fressen gelegentlich Frösche, und sie lassen sich ganz sicher mit froschartigen Hardbaits fangen.

Frösche in verschiedenen Hardbait-Varianten. So richtig schafft es allerdings keine, die Bewegungen eines Frosches nachzuahmen.

den sind, ist ein hübsches Detail, das aber nicht die geringste Auswirkung auf die Fangaussichten hat. Einen Frosch-Wobbler setzt man am besten so ein, wie der technische Wobblertyp es verlangt und dort, wo er Erfolg verspricht. Falls die Raubfische dort tatsächlich auf echte Frösche stoßen und diese auf ihrem Speisplan stehen, könnte das ganz hilfreich sein, notwendig ist es jedoch nicht.

Maus

An vielen kleineren Gewässern gehören Nagetiere, die zwischen Feldern und Wiesen kurze Wasserstrecken schwimmend überbrücken, zu den Beutetieren der Raubfische. Vor allem Hechte, aber auch größere Barsche und Forellen schnappen sich gerne mal eine unachtsame Maus von der Oberfläche. Mäuse haben im Gegensatz zu Fröschen keinen ausgeprägten und auffälligen Schwimmstil. Sie paddeln mit ihren kleinen Füßen ziemlich geradlinig durchs Wasser. Das mit einem Kunstköder zu imitieren, ist nicht sonderlich schwierig. Eine einfache Mausform als Stickbait, Popper oder flach laufender Wobbler

Mäuse stehen, wo sie zwischen Feldern kurze Gewässerstrecken schwimmend überbrücken, auf dem Speiseplan von Hechten und Forellen.

mit Tauchschaufel reicht und braucht keine besonderen Eigenschaften, um an der Oberfläche ungefähr das zu tun, was eine echte Maus tun würde – halbwegs unauffällig geradeaus schwimmen.

Eine schwimmende Maus zu imitieren, ist nicht sonderlich schwer. Die Schwierigkeit besteht eher darin, das Gewässer oder die Gewässerstelle zu finden, an der man mit guten Gründen einen Biss auf eine Mausimitation erwarten darf. In erster Linie besteht dort Hoffnung, wo die Raubfische schwimmende Nagetiere kennen, in zweiter Linie reichen aber auch vollkommen die Stellen, an denen Raubfische grundsätzlich zu Attacken an der Oberfläche bereit sind. Denn für Mausimitationen gilt wie für andere Imitationen von Nicht-Fischen: Hauptsache ihre Reizwirkung stimmt, ob sie ihrem lebendigen Vorbild optisch nahestehen oder nicht, das ist zweitrangig.

Käfer

Krebse, Frösche und Mäuse sind das Großgetier unter den Wobblern, die nicht Fisch, sondern Fleisch darstellen. Aber es gibt auch kleineres Getier mit Beinen und gegebenenfalls Flügeln, das den Fischen in Form von Wobblern angeboten werden kann. Die Nachbildung von Insekten ist eigentlich die Domäne der Fliegenfischer, aber da fürs Spinnfischen mit seiner ultraleichten Ausführung feine, sensible Geräte und Köder entwickelt wurden, stehen Insektenimitationen hier ebenso in Gestalt von Wobblern auf dem Programm.

Waghalsige Spaziergänge über die Zweige der Ufervegetation können für einen Käfer

Forellen schnappen sich gelegentlich einen Käfer und fallen auch gerne einmal auf eine Käferimitation herein.

mit einer Bruchlandung im Wasser enden, und wenn er noch mehr Pech hat, in einem Fischmaul. Zwischen Bruchlandung und Fischmaul liegen in dem Fall ein paar hilflose Schwimmversuche und Drehungen um die eigene Achse. Sehr weit vom Fleck bewegt sich ein Käfer im Wasser nicht. Und das sind nicht die besten Voraussetzungen für eine gute Bewegungsimitation durch einen Wobbler. Dennoch gibt es hübsche Wobbler in Käferform, liebevoll bis ins Detail gestaltet als Marienkäfer oder Maikäfer.

Wollte man, dass sich diese Wobbler auch noch benehmen wie ihre Vorbilder, dann sollte man sie an der Oberfläche schwimmen und über die Bewegung der Rutenspitze auf der Stelle vibrieren lassen. Vielleicht hätte man damit sogar gewisse Chancen auf einen Biss. Aber so präsentiert man einen Wobbler schließlich nicht. Da die kleinen Käferimitationen gewöhnlich mit einer Tauchschaufel ausgestattet sind, ist ersichtlich, dass diese Wobbler genauso wie andere Mini-Wobbler präsentiert werden sollen.

Tatsächlich sind die üblichen Käfer-Wobbler nichts anderes als kleine Crankbaits – nur dass sie eben als Käfer designt sind. Sie sind also dafür ausgelegt, mit gleichmäßigen Kurbelumdrehungen durchs Wasser geführt zu werden, in einer Weise, die rein gar nichts

Wobbler mit detailliertem Maikäferdesign. Der Forelle wird die Genauigkeit der Darstellung ganz gleich gewesen sein.

Forellenfang auf eine realistische kleine Grashüpferimitation.

mit den Bewegungen eines im Wasser verunglückten Käfers zu tun hat. Diese Wobbler fangen trotzdem, allerdings, weil sie eher einem durchs Wasser huschenden Fischchen ähneln und nicht einem hilflosen herumdümpelnden Käfer.

Grashüpfer

Ein beliebtes Insekt bei Forellen, oder besser gesagt bei denen, die Forellen fangen wollen, stellt der Grashüpfer dar. Tatsächlich enden gar nicht allzu viele Grashüpfer im Innern der Forellen. Nicht dass sie das grüne Insekt verschmähen würden, aber die Hüpfer sind doch sprungsicher genug, um im Gras und nicht oder nur in seltenen Fällen im Wasser zu landen. Wenn letzteres allerdings passiert, dann lässt sich keine Forelle das Angebot entgehen. Das liegt nicht zuletzt daran,

dass ein Grashüpfer nach der Bruchlandung im Wasser durch heftiges Strampeln auf sich aufmerksam macht. Diese Bewegungen nachzuahmen, ist für einen Wobbler natürlich vollkommen unmöglich.

Der Wobbler in Grashüpfergestalt scheitert mehr als jeder andere Wobbler daran, sein natürliches Vorbild nachzumachen. Trotzdem gibt es hübsche kleine Wobbler in Gestalt von Grashüpfern, und selbstverständlich fangen sie auch. Aber sicherlich nicht, weil irgendein Fisch sie mit einem Grashüpfer verwechselt.

Grashüpfer als Popper

Ein Grashüpfer als Popper, eine hübsche Idee, und gefangen hat dieser Köder auch schon. Was er an der Oberfläche veranstaltet, hat allerdings nicht das Geringste mit dem zu tun, was ein echter Grashüpfer dort tun würde, wenn er versehentlich ins Wasser gerät. Der Grashüpfer-Popper zeigt deutlich, dass es bei solch einem Köder nicht darum geht, irgendein Lebewesen realistisch nachzubilden, sondern durch Bewegung und Geräusche auf sich aufmerksam zu machen und auf diese Weise den Biss zu provozieren.

Wobbler-Sonderlinge

Es gibt noch eine ganze Reihe anderer Kleintiere, die als Vorlage für ungewöhnliche Wobblerkonstruktionen herhalten: Hornissen, Raupen, Schmetterlinge, Kaul-

Wobbler gibt es auch in Gestalt von Hornissen, Raupen, Larven und Kaulquappen. Sie alle fangen, auch wenn sie im Wasser nicht unbedingt dem ähneln, was sie darstellen.

quappen, Insektenlarven, fast alles, was schon einmal einem Raubfisch als Nahrung diente, gibt es auch in Form eines Wobblers. Dabei gilt: Je seltener das Tier als Beute vorkommt und je schwieriger es sich mit einem Wobbler nachahmen lässt, desto unwahrscheinlicher ist es, dass ein Raubfisch tatsächlich auf die Nachahmung eines charakteristischen Beuteschemas hereinfällt.

Die Imitation einer dicken grünen Raupe zum Einsatz zu bringen, in der Hoffnung, damit eine bekannte Nahrung vorzutäuschen, würde allenfalls unter Sträuchern Sinn machen, von denen ständig entsprechendes Getier ins Wasser fällt – aber kennt jemand solch eine Stelle? Nein, Raupen gehören nirgendwo zur alltäglichen Nahrung irgendwelcher Fische. Genauso wenig oder eher noch seltener enden Hornissen im Fischbauch. Und doch geben diese Tierchen funktionsfähige Wobbler ab, die schön anzusehen sind und zudem noch fangen.

Imitation oder Illusion?

Werden mit Wobblern in Gestalt von Krebsen, Amphibien, Säugern und Insekten tatsächlich Beutetiere imitiert? Oder vermitteln sie uns nicht viel mehr die Illusion, ein Fisch würde beim Biss auf einen dieser Köder das dargestellte Tier fressen wollen?

Wenn wir beim Raubfischangeln irgendein anderes Beutetier imitieren wollen als einen Fisch, setzen wir auf einen Außenseiter, darüber sollten wir uns schon einmal im Klaren sein. Kein anderes Tier, das wir imitieren können, landet auch nur annähernd so häufig im Bauch der Räuber wie kleine Fische.

Einen Wobbler einzusetzen, der einem anderen Tier nachempfunden wurde, ist ein Wagnis. Tatsächlich auf die Wirkung der Imitation zu setzen, ist nur dann ratsam, wenn diese in Optik und Bewegung sehr gelungen ist und wenn die Raubfische dann, wenn diese Imitation eingesetzt wird, auch auf die nachgebildete Beute fixiert sind. Anderenfalls – und das ist der gängigere und mehr Erfolg versprechende Weg – sollte man nicht auf die imitierende Wirkung, sondern auf den Charakter des Wobblers setzen. Dann heißt es, den Wobbler nicht danach zu wählen, ob er irgendeinem Tier besonders ähnlich sieht, sondern danach, wie gut er seine Aufgabe als Wobbler erfüllt.

Beim Einsatz der nicht-fischigen Imitation gilt es abzuwägen, inwieweit man einen gut gängigen Wobbler einsetzen will oder das Abbild einer seltenen Beute.

MINI-WOBBLER – ULTRALEICHTES SPINNEN

Das ultraleichte Spinnfischen mit extrem kleinen und leichten Wobblern bildet eine ganz eigene spannende Variante des Hardbait-Angeln. Dabei erschließt man sich teilweise sogar ganz neue Fischarten für die Spinnrute.

Die kleinsten der kleinen Wobbler finden genug Platz auf einer Euro-Münze.

Wobbler waren lange Zeit die Kunstköder fürs Grobe, große Fischimitationen mit mehreren Drillingen, die mit schwerem Gerät geworfen und geführt wurden. Erst in den letzten Jahrzehnten setzte sich die Entdeckung durch, dass man mit Wobblern auch winzige Brutfische imitieren kann. Die Wobbler wurden kleiner und kleiner, leichter und sensibler und mit ihnen setzte eine ganz neue Entwicklung ein, mit der sich der Kreis der Zielfische beim Wobblerangeln stetig erweiterte. Auf einmal gerieten selbst friedliche oder halbräuberische Fische wie Döbel und Aland ins Visier der Spinnfischer.

Zu den Minis darf man Wobbler der Größenklasse 1,5 bis 5,0 Zentimeter rechnen. Ihrer Form nach bewegen sie sich im Bereich von Crankbait bis Minnow, viele, wenn nicht sogar die meisten, stellen eine Art Zwischending dar, etwas dicker als ein Minnow, aber nicht ganz so dick wie ein Crankbait.

Aufgrund ihrer geringen Größe und des dementsprechend geringen Gewichts sind sie eher Köder für den Nahbereich und für die oberen Wasserschichten. Selbstverständlich gibt es auch sinkende Modelle, aber sie lassen sich ebenfalls nicht gezielt und kontrolliert in größeren Tiefen anbieten. Die Sinkeigenschaften helfen einem vor allem, den Köder an einem Spot in nicht allzu tiefem Wasser schnell Richtung Grund abtauchen zu lassen.

In erster Linie klein

Die erste und entscheidende äußere Eigenschaft der Mini-Wobbler besteht darin, dass sie klein sind. Für ihre Überzeugungskraft als Kleinfischimitation spielt es dabei keine allzu große Rolle, ob sie etwas dicker oder schlanker sind. Die Wahl zwischen dick und dünn ist unter anderen Gesichtspunkten wichtiger. Mit einem kleinen, kugeligen Wobbler holt man ein bisschen mehr Wurfweite heraus als mit einem schlanken Modell. Noch wichtiger: Die dicken crankbaitartigen Modelle wackeln und vibrieren mehr als die schlanken minnowartigen. Sie sind also auffälliger, und das kann man sich in trübem und stark bewegtem Wasser zunutze machen. Einen auffälligeren Köder wird der Fisch bei schwierigen Sichtverhältnissen nämlich leichter erkennen und greifen können. Im Umkehrschluss bedeutet das: Schlanke, de-

Als Pionier des Ultraleichtangelns hat der Wobblerbauer Peter Biedron
unzählige Fische diverser Arten mit Mini-Wobblern gefangen.

Bei einem sehr kleinen Wobbler wird auch schon einmal eine friedliche Rotfeder räuberisch.

Lang und schlank, kurz und dick, natürlich oder grell, bei den Minis hat man die komplette Auswahl für alle Situationen.

zentere Modelle sind die bessere Wahl bei weniger bewegtem, klarem Wasser.

Auch bei der Farbwahl stellt sich primär die Frage, ob der Mini-Wobbler natürlich erscheinen oder auffallen soll. In erster Linie muss das kleine Ding wahrgenommen und erkannt werden. Herrscht klare Sicht, ist das kein Problem, sind die Sichtverhältnisse schlecht, hilft man mit grellen Farben nach. Grelle Minis scheinen aber auch bei guter Sicht keine sehr abschreckende Wirkung zu haben. Man gewinnt überhaupt den Eindruck, dass die Fische bei den Minis mehr in Kauf nehmen bzw. mehr verzeihen als bei großen Ködern. Ein Mini scheint zunächst ein kleines Beutehäppchen zu sein, bei dem eine Unkorrektheit in Form oder Farbe nicht so sehr ins Gewicht fällt.

Wenig Raffinesse

Allzu raffinierte Führungstechniken sind mit den Miniatur-Wobblern zum einen nicht möglich, zum anderen aber auch gar nicht nötig. Die Minis imitieren einen Brutfisch, den sich ein hungriger Räuber ohne lange zu überlegen schnappt – oder eben nicht. Wenn der Räuber nicht gleich zuschnappt, kann man in den meisten Fällen nicht viel unternehmen, um ihn umzustimmen.

Das heißt, in der Regel wird man Mini-Wobbler ganz einfach als Crankbaits nutzen, sie also lediglich auswerfen und wieder einkurbeln. Zeigen sich die Fische unentschlossen oder werden sie nach den ersten Fängen vorsichtiger, kann es oftmals hilfreich sein, den Wobbler nicht mehr ganz gleichmäßig einzuholen. Stopps zwischendurch, gele-

Am Forellenbach gehören die Minis unbedingt in die Köderbox.

gentliches Zupfen und den Wobbler kurz auf der Stelle stehen zu lassen, kann zögerliche Fische dann doch noch von dem kleinen Köder überzeugen.

Wenn man am Bach oder kleinen Fluss mit Minis angelt, kann es eine gute Taktik sein, den Wobbler an viel versprechenden Stellen einfach auf der Stelle stehen und von der Strömung bewegen zu lassen. Allein die Wasserbewegung sorgt dafür, dass der Köder wackelt und vibriert, und viel mehr ist oft gar nicht nötig, um einen Räuber aus seinem Versteck zu locken.

Köder für Feinarbeit

Kleine Wobbler sind Köder für die Feinarbeit, das heißt für einen ganz gezielten Einsatz an bestimmten Stellen auf bestimmte Fische.

Mini mit Flughilfe

Zwar lassen sich mit der richtigen Geräteabstimmung selbst mit leichtesten Ködern erstaunliche Wurfweiten erzielen, aber wenn die Räuber sehr weit draußen stehen, nützt selbst die beste Gerätekombination nichts. Es nützt aber etwas, ein Hilfsmittel einzusetzen, und zwar einen Sbirulino. Diese Wurfhilfe ist vor allem bekannt vom Forellensee, aber sie bringt auch an anderen Gewässern einen leichten Köder auf eine Distanz, die er alleine nicht erreichen könnte. Warum also nicht den Mini-Wobbler hinter einem Sbirulino anbieten? Das ermöglicht ungeahnte Reichweiten, und manch ein Raubfisch wird durch den Lauf des Sbirulino vor dem Wobbler sogar besonders neugierig.

Mit ihnen wirft man nicht weit und sucht keine großen Bereiche ab, sondern beangelt den kleinen, definierten Gewässerbereich. Mini-Wobbler sind beispielsweise etwas zum Beangeln eines Barschschwarms, sei es an einem bekannten Hotspot oder an einer Stelle, an der man gerade jagende Barsche ausgemacht hat. Der Mini-Wobbler wird dann ganz einfach in das Geschehen hineingeworfen. Aktive Barsche werden nicht lange zögern, wenn sie das kleine Ding bemerken. Die Minis sind eine ideale Wahl, wenn Forellen im Bach beangelt werden sollen. Dort werden die potenziellen Einstände der Fische ausgemacht und der Wobbler wird ohne langen Anlauf genau an der Stelle angeboten, an der wir eine lauernde Forelle vermuten. Wichtig ist dabei, ein Modell einzusetzen, das schnell in der gewünschten Tiefe läuft. Unter Umständen wird an den tiefen Stellen ein sinkendes Modell erforderlich.

Der gezielte Einsatz von Mini-Wobblern ist auch ein gutes Mittel, wenn raublustige Rapfen, Döbel oder Alande ausgemacht wurden. Die Fische werden direkt angeworfen, und dann gilt es nur noch, das richtige Tempo zu finden – bei Rapfen darf es gerne etwas höher sein als bei den nicht ganz so räuberischen Verwandten.

Der einzige Bereich, in dem die Minis sich erfolgreich einsetzen lassen, ohne dass man Fische genau lokalisiert hat, ist der Forellensee. Dort ist die Fischdichte meistens aber so groß, dass die Minis den Fisch finden. Weil an Forellenseen in der Regel mit anderen Ködern geangelt wird, können die Minis dort, da sie den Fischen kaum bekannt sind, zu sehr guten Fängen verhelfen.

Auf Barsch funktionieren Mini-Wobbler oft nur als Suchköder, manchmal fallen die Räuber aber auch reihenweise auf den kleinen Köder herein.

Auch Regenbogenforellen haben eine Schwäche für Minis. Deshalb können diese am Forellensee manchmal richtig auftrumpfen.

Feines Gerät

Bei größeren Wobblern muss man es manchmal nicht allzu genau nehmen mit der Gerätewahl, ein paar Gramm mehr oder weniger Wurfgewicht machen keinen so großen Unterschied. Das ist anders, wenn der Köder selbst nur ein paar Gramm wiegt. Dann

Feinabstimmung

Während man im höheren Gewichtsbereich auch mal Fünfe gerade sein lassen und mit einer mittelschweren Spinnrute ruhig mal ein paar Gramm mehr oder weniger werfen kann, muss man es im ultraleichten Gewichtsbereich sehr genau nehmen. Bei einem Wobbler mit einem Gewicht von 1 Gramm kann man das Gerät nicht mal eben ein paar Gramm leichter oder schwerer nehmen – schon rein rechnerisch nicht. Ein Ködergewicht von 1 Gramm erfordert eine Rute mit 1 Gramm Wurfgewicht. Nur diese Feinabstimmung führt zu den optimalen Wurfmöglichkeiten. Mit allem anderen bleibt man unter seinen Möglichkeiten – und zwar deutlich darunter.

müssen die Geräte genauestens darauf abgestimmt sein, sonst funktioniert nichts. Ein Köder von wenigen Gramm kann mit einer zu schweren Rute nicht genau und auch nicht weit geworfen werden. Wenn die Rute nicht perfekt zum Köder passt, wird man diesen auch nicht sauber und gefühlvoll führen können. Ein Mini-Wobbler erfordert also eine sensible Spinnrute mit einem Wurfgewicht im Bereich von 1 bis 8 Gramm – um den Bereich großzügig zu definieren. Die Rolle darf wiederum die Rute nicht aus dem Gleichgewicht bringen, deshalb wird man sich meistens für ein 1000er Modell entscheiden. Es ist sehr klein, fasst aber immer genug Schnur mit relativ geringem Durchmesser.

Zu einem winzigen Wobbler gehört nämlich eine feine Schnur. Mit einer zu dicken Schnur wird man ihn nicht gut werfen und feinfühlig anbieten können. Da man mit den Minis meistens keine Maxi-Fische beangelt, darf die Schnur auch weniger Tragkraft als sonst üblich beim Spinnfischen haben. Mit einer Geflochtenen von 0,10 Millimeter oder einer Monofilen von 0,15 Millimeter Durchmesser lassen sich die kleinen Köder gut bedienen.

Der Mini-Wobbler muss schließlich noch an der Schnur befestigt werden. Und auch das sollte so leicht wie möglich erfolgen. Wenn nicht mir scharfen Zähnen zu rechnen ist, wird der Mini am besten mit einer Rapala-Schlaufe am monofilen Vorfach befestigt. Wer sich die Möglichkeit eines schnellen Köderwechsels offen halten möchte, kann sich eines Mini-Einhängers bedienen. Es gibt inzwischen so kleine und leichte Snaps, dass sie kaum das Laufverhalten des Mini-Wobblers beeinflussen.

Minis befestigen

Weil sie sehr klein und sehr leicht sind,
lassen sich Mini-Wobbler schnell aus dem
Gleichgewicht bringen. Ein schief sitzen-
der Knoten an ihrer Öse, ein zu schwerer
Karabiner, von einem dicken Stahlvorfach
ganz zu schwiegen, sofort gerät der
kleine Köder in Schieflage. Unwucht oder
zu viel Gewicht, und der Mini läuft nicht
mehr richtig. Deshalb muss man seine
Befestigung sehr genau nehmen. Eine
gute Lösung stellt die Befestigung mit
einer kleinen Schlaufe am Mono-Vorfach
dar. Es gibt inzwischen aber auch extrem
kleine und leichte Snaps, an denen man
einen kleinen Wobbler gut befestigen
und schnell austauschen kann.

KÜSTENWOBBLER – FÜR DIE WEITE KONSTRUIERT

Für die besonderen Bedingungen an der Küste wurden Wobbler entwickelt, für die andere Anforderungen gelten und die anders aussehen als alle Wobbler fürs Süßwasser. So unterschiedlich sie aussehen, sie sind alle Küstenwobbler.

Wer an der Küste ins Wasser steigt und die Weiten des Meeres vor sich sieht, hat unweigerlich das Bedürfnis, weit zu werfen, um von der unendlichen Wasserfläche zumindest so viel wie möglich abzudecken. Befassen wir uns erst einmal nicht mit der Frage, ob und wie wichtig es ist, weit zu werfen, wir stellen nur fest, dass der Angler an der Küste oft und gerne weit werfen will, und dem tragen die Hersteller von Küstenwobblern Rechnung, indem sie ihre Produkte so gestalten, dass sie Weiten erreichen, die anderen Wobblern verwehrt bleiben. Alles, was beim Flug hinderlich sein könnte, wurde eingespart. Küstenwobbler besitzen deshalb keine Tauchschaufel und keinen Bauchdrilling. Der Wobbler ist aerodynamisch gebaut und hat lediglich an seinem hinteren Abschluss eine Öse mit einem Drilling.

Formenvielfalt

Obwohl die guten Flugeigenschaften eigentlich gar nicht so viel Gestaltungsspielraum lassen, gibt es Küstenwobbler doch in einer erstaunlichen Vielfalt. Einige sind ohne jede weitere Formgebung einfach stabförmig und würden der Bezeichnung Stickbait alle Ehre machen, andere sind verhältnismäßig kompakt und gedrungen, die meisten im Querschnitt rund, einige fast viereckig. Einige sind leicht bauchig, andere eher tropfenförmig und einige fast so flach wie ein Blinker. Die

Große Reichweite gehört zum Anforderungsprofil der Köder beim Spinnfischen an der Küste.

vielen Küstenwobbler sind alle individuelle Kreationen, die sich nicht wie die sonstigen Wobbler unter Sammelbezeichnungen und Oberbegriffen zusammenfassen lassen. Man muss sie schon nach ihrem Namen nennen, wenn man mitteilen will, von welchem Wobblertyp man redet.

Auch wenn das Spektrum der Beutetiere, das ein Wobbler für die Meerforellen imitieren kann, sehr begrenzt ist, gibt es Küstenwobbler in einer erstaunlichen Fülle von Farben und Mustern. Viele davon haben so gut wie gar nichts mit der natürlichen Beute gemeinsam. Das ist allerdings auch nicht unbedingt erforderlich, denn mit einer realistischen Nachahmung eines Beutefisches in Gestalt eines Wobblers hätte man in der Ostsee nicht unbedingt bessere Fangchancen. Mehr als Realitätsnähe wiegen der Farbeindruck unter den jeweiligen Lichtverhältnissen und die Bewegung des Köders.

Einfache Führung

Die Führung des Küstenwobblers birgt keine großen Geheimnisse. Die meisten – auch die erfahrenen – Meerforellenangler machen mit diesem Ködern kaum etwas anderes, als ihn weit hinaus zu werfen und gleichmäßig einzuholen. Die verschiedenen Modelle zeigen dabei unterschiedlich intensive Aktionen. Sie reichen von kaum erkennbarer Bewegung bis stark wackelnden Bewegungen mit heftigen Ausschlägen des Hinterteils. Bei sehr trübem Wasser kann starke Beweglichkeit hilfreich sein, um auf den Köder aufmerksam zu machen. In sehr klarem Wasser ist das nicht zwingend erforderlich.

Tatsächlich wird man bei den meisten Anglern beobachten, dass sie ihren Wobbler –

Dem Küstenwobbler mit seiner Torpedoform kann man unschwer ansehen, dass er für große Wurfweiten ausgelegt ist.

Meerforellen sind natürlich der Hauptzielfisch, wenn es um den Einsatz von Küstenwobblern geht.

Die Realität

Während es bei sonstigen Wobblertypen oft auch sehr natürliche Nachbildungen bestimmter Beutefische gibt, stellen Küstenwobbler fast immer ein sehr freies Ebenbild der natürlichen Beute dar. Kaum einmal erkennt man einen Sandaal, einen Hering oder eine Sprotte in der Wobblergestaltung. Das ist allerdings auch nicht zwingend notwendig, denn für die Räuber der Ostsee müssen die Bewegung des Köders und ein grober Farbeindruck überzeugen und weniger eine realistische Nachbildung.

ganz gleich, wie beweglich das Modell sein mag – mit gleichmäßigen Kurbelumdrehungen einholen. In dieser Hinsicht könnte man die Küstenwobbler im weitesten Sinne zu den Crankbaits zählen. Wie bei allen anderen Modellen ist es aber nicht unbedingt die fängigste Variante, den Wobbler gleichmäßig in einer Tiefe geradeaus zu führen. Viele Variationsmöglichkeiten hat man mit einem Küstenwobbler nicht, aber man kann ihn zumindest zwischendurch einmal abstoppen und anschließend ein wenig beschleunigen. Genau wie bei den Wobblern und den Zielfischen im Süßwasser kann diese plötzliche Veränderung des Laufweges und des monotonen Bewegungsmusters den Biss auslösen, auf den man bei gleichmäßigem Einholen vergebens gewartet hätte.

Wenn man eine Pause beim Einholen einlegt, gilt es, die Sinkgeschwindigkeit des Wobblers zu beachten. Alle Küstenwobbler sind schwer und sinken, wenn man sie nicht einholt. Einige sinken sogar recht schnell ab. In flachen Küstenabschnitten mit viel Tang und Gestein besteht akute Hängergefahr, wenn man den Wobbler zu lange absinken lässt oder zu langsam führt.

An Beute orientieren

Die Frage nach dem richtigen Modell ist bei den Küstenwobblern noch schwieriger zu beantworten als für die anderen Wobbler. Soll man ein langes schlankes Modell wählen oder ein kleines kompaktes? Welche Anhaltspunkte hätte man denn für eine bestimmte Wahl? Zum einen kann man versuchen, sich an den Beutetieren zu orientieren, da wir aber bereits bemerkt haben, dass es

Der Übergang vom Küstenblinker zum Küstenwobbler ist mit sehr dünnen Wobblermodellen fließend.

gar nicht so sehr um realistische Imitationen geht, stehen uns hier nur Annäherungen an die Beute zur Verfügung. Sie bieten einem zumindest die Möglichkeit, ein schlankes helles Modell zu wählen, wenn Sandaale die

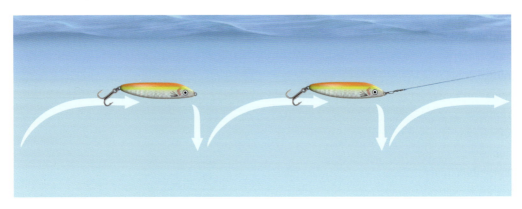

Alle Küsten-Wobbler haben ihr eigenes Bewegungsmuster. Im Prinzip reicht es, sie gleichmäßig einzuholen, denn dabei entwickeln sie ihre spezielle Bewegung. Gelegentliches Abstoppen des Wobblers, bei dem man ihn leicht absinken lässt, macht ihn oft interessanter.

Augen drauf

Der dänische Meerforellenangler Thomas Mosgaard hat 914 Bisskontakte von Meerforellen hinsichtlich der Bedeutung von Augen auf dem Köder ausgewertet. Dabei hat er festgestellt, dass er gleich viele Bisse bekommt, egal ob und wo der Köder Augen hat. Interessant ist jedoch: Wenn die Augen vorne am Köder waren, hat er jeden zweiten Fisch verloren. Befanden sich die Augen dagegen hinten, hat er drei von vier Fischen gelandet. Es scheint, als würden die Meerforellen das Auge zur Orientierung nutzen, um die Beute am Kopf zu packen. Dabei bleiben sie häufiger hängen, wenn sich das Auge in der Nähe des Drillings befindet.

Ein kleines Sortiment von Küstenwobblern. Welchen soll man nehmen?
Der aktuellen Beute mit dem Modell nahezukommen, wäre nie ganz falsch.

Hauptbeute bilden. Sind die Meerforellen auf Heringe fixiert, bieten sich blaugrüne, vielleicht nicht ganz so schlanke Modelle an. Auch wenn sich die Seeringelwürmer paaren und ein üppiges Nahrungsangebot darstellen, kann man versuchen, mit einem dunklen, möglichst langsam sinkenden Wobbler eine gewisse Ähnlichkeit mit der Beute zu schaffen.

Dann gibt es da noch die vielen grell gefärbten und gemusterten Modelle, die sehr auffällig, aber auch sehr unnatürlich sind. Mit diesen Mustern wird nicht imitiert, sondern provoziert. Sie sind etwas für die Tage, an denen die Fische keiner speziellen Nahrung nachjagen, für den Herbst, wenn sie zeitweise gar nicht auf Nahrung aus sind oder den Winter, wenn ihr Nahrungsbedürfnis stark reduziert ist.

In der Praxis wird man sich nicht immer an die Theorien von Imitation und Provokation halten – weil sich die Fische auch nicht daran halten. Unter Meerforellenanglern tauscht man sich gerne aus, welche Farben und Muster gerade fängig sind. Manchmal passt das zur Theorie, manchmal aber auch nicht.

Ein sehr grelles auffälliges Modell bietet sich an, wenn die Fische nicht so hungrig sind und mehr zum Biss provoziert werden müssen.

Manch ein Meerforellenangler hat sein Modell und seine Farbe gefunden und schwört unter allen Bedingungen darauf. Andere haben ein Sortiment aus natürlichen und unnatürlichen Mustern dabei und probieren immer wieder das eine wie das andere aus. Zur Wahl des Wobblers kann man beim Meerforellenangeln den einen oder anderen Anhaltspunkt geben, aber schließlich wird jeder seinen eigenen Weg und seine eigene Überzeugung finden.

Noch einmal zur Weite
Nun doch noch einmal zur Reichweite. Muss man mit Küstenwobblern weit werfen? Man muss natürlich nicht, aber man kann, und es verschafft einem immerhin den Vorteil, in Bereiche vorzudringen, die schlechter fliegende Köder nicht erreichen. Und jeder erfahrene Meerforellenangler hat auch schon Bisse weit draußen bekommen, die ihm mit kurzen Würfen entgangen wären. Man kann weit werfen, also macht man es auch. Da die Fische manchmal auch sehr nahe ziehen, sollte man aber nicht versäumen, zunächst ein paar Würfe in den Nahbereich zu machen. Das gilt vor allem für die frühen Morgenstunden. Denn über Nacht trauen sich die Fische dichter an den Strand heran, und wenn man früh als erster Angler an die Küste kommt, sollte man nicht gleich so weit wie möglich hinauswaten, sondern erst einmal die tieferen Bereiche in Strandnähe abfischen. Danach darf man dann die Weite suchen. In der findet man übrigens nicht nur Meerforellen. Bevorzugt in den Dämmerungsstunden wird der Köder auch gerne von Dorschen genommen, die tatsächlich bevorzugt weit draußen beißen. Und dafür lohnen sich weite Würfe allemal.

Um Dorsche an der Küste mit der Spinnrute zu fangen, ist es tatsächlich sehr hilfreich, wenn sich der Köder weit hinauswerfen lässt.

DER AUTOR

Henning Stilke angelt als experimentierfreudiger Allrounder mit allen verfügbaren Ködern und Techniken. Seine besondere Leidenschaft gilt dabei dem Raubfischangeln mit Kunstködern. Gibt es dafür neue Techniken, hat er sie auch schon im Einsatz. Seine Erfahrungen an vielen Gewässern im In- und Ausland hat er in zahlreichen Büchern und Fachartikeln für verschiedene Angelzeitschriften vermittelt.

Über viele Jahre hat Henning Stilke als Chefredakteur des größten deutschsprachigen Angelmagazins nicht nur sämtliche Trends und Techniken auf Brauchbarkeit geprüft, sondern auch mit allen Top-Experten der Branche zusammen geangelt. All diese Erfahrungen lässt er in das vorliegende Buch einfließen und stellt dabei den praktischen Wert für uns Angler in den Vordergrund.

In diesem Buch widmet er sich intensiv den modernen „harten" Kunstködern und erklärt anschaulich, wie man sie so einsetzt, damit die Raubfische umgehend ihre Zahneindrücke auf ihnen hinterlassen.

Endlich!

Dein Angelführer durch den Köder-Dschungel.

Henning Stilke entwirrt für uns den Dschungel moderner Softbait-Köder und dazugehöriger Angelmethoden. Die unglaubliche Gummiköder-Vielfalt verführt uns schnell zum (Fehl-)Kauf. Mit jeder neuen Ködergruppe scheint auch eine neue Technik entwickelt zu werden. Gerade hat man die Dropshot-Montage kennengelernt, muss man umdenken und den Köder am Texas-, Carolina- oder Florida-Rig montieren. Kaum kommt man mit den Montagen zurecht, braucht man unbedingt Wacky oder das Neko-Rig. Das Angeln mit Gummiködern hat sich so vielseitig entwickelt, dass es an der Zeit war, diesen hochaktuellen Angelführer zu schreiben.

Softbaits
Henning Stilke
ISBN 978-3-942366-37-3, Softcover, 128 S., 16,95€

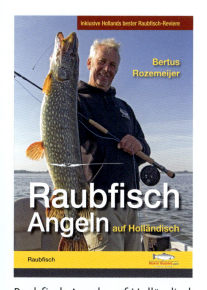

Bertus Rozemeijer darf sich zu Recht rühmen, das Vertikalangeln erfunden zu haben und ist einer der besten Raubfischangler Europas. Natürlich spielt diese Technik auch in diesem Buch eine große Rolle. Im Fokus sind die Zielfische Zander, Hecht, Barsch und Rapfen.

Der Autor schildert in einem sehr unterhaltsamen Schreibstil seine jahrzehntelange Erfahrung mit den unterschiedlichen Angeltechniken.

Ein wirkliches Highlight ist es, dass Bertus Rozemeijer auf über 50 Seiten die besten Raubfischreviere Hollands vorstellt. Die detailreichen Reviervorstellungen werden durch 15 Karten abgerundet.

Raubfisch Angeln auf Holländisch
Bertus Rozemeijer
ISBN 978-3-942366-29-8, Hardcover, 176 S., 19,95 €

Das Verlagsprogramm

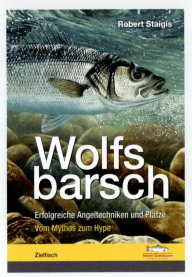

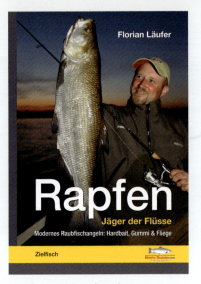

Wolfsbarsch – Vom Mythos zum Hype
Robert Staigis
ISBN 978-3-942366-22-9
Hardcover, 200 S., € 24,95

Rapfen – Jäger der Flüsse
Florian Läufer
ISBN 978-3-942366-27-4
Hardcover, 224 S., € 24,95

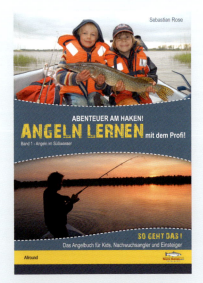

Sebastian Rose (KUTTER & KÜSTE) ist Angelcoach und selbst Vater und stellt mit einem sehr unterhaltsamen Schreibstil alles rund um das Angeln im Süßwasser vor. Man merkt sofort, dass dieses Buch mit viel Liebe geschrieben ist. Dem Autor ist seine ganze Erfahrung anzumerken, die er besitzt, um Kids und Nachwuchsanglern die Welt der Fische, die umgebende Natur und natürlich die Spannung am Wasser mit den unterschiedlichen Angeltechniken zu vermitteln. Ehrensache, dass Sebastian Rose dabei alle Gewässertypen wie auch alle wichtigen Zielfische im Süßwasser beschreibt.
Liebevolle Zeichnungen runden das Buch perfekt ab.
Zielgruppe: Jungangler und -anglerinnen von 8–18 Jahren, aber auch alle Angeleinsteiger!

Angeln lernen mit dem Profi!
Sebastian Rose
ISBN 978-3-942366-31-1, Softcover, 176 S., 14,95 €

Das Kochbuch für Angler – So leicht gelingen leckere Fischrezepte!
Florian Läufer / Claus-Peter Jobski
ISBN 978-3-942366-32-8, Hardcover 176 S., € 19,95

Das perfekte Kochbuch für leckere Fischrezepte! Pfiffige Tipps rund um eine gelungene Fischzubereitung. Mit 25 ausgewählten Rezepten für Süß- und Salzwasserfischen, die auch Anfängerherzen hochschlagen lassen. Weil sie schnell und einfach zubereitet werden können. Und weil frischgefangener Fisch nur zu Hause so lecker schmeckt.

Je nach vorhandenen Zutaten, Zeit und Vorlieben lassen sich mit diesem Buch viele, viele weitere schmackhafte Gerichte zaubern. Sehr praktisch: der fundierte Ratgeberteil. Viele Tricks, Kniffe und praktikable Hinweise helfen z. B. die notwendigen Arbeitsmittel, die besten Zutaten und den passenden Wein auszuwählen. Alles wird verständlich und mit hilfreichen Fotos veranschaulicht. Fisch ist lecker!

Fisch ist gesund! Was liegt also für uns Angler näher, als den gefangenen Fisch auch selbst zuzubereiten?

SOFT LURES

Quantum Hard Lures – Simply Superior!
In verschiedenen Farben und Varianten erhältlich.

CRANK GIPSY FD F
FLAT DIVER

CRANK GIPSY DD F -
DEEP DIVER FLOATING

MINNOW GIPSY FD SU -
FLAT DIVER SUSPENDING

MINNOW GIPSY DD SU -
DEEP DIVER SUSPENDING

MINNOW GIPSY D SU -
DIVER SUSPENDING

JANKER D S

TROUT SQUAD SINKING

TOP GIPSY F -
FLOATING

DANCING JACK · SINKING

FAT GIPSY DF -
DIVER FLOATING

SPOOKY JERK

FAT GIPSY DDF - DEEP
DIVER FLOATING

THE THING